像投资专家一样思考

[美] 乔舒亚·布朗（Joshua Brown） ◎ 编著
布莱恩·波特努瓦（Brian Portnoy）

李小霞 ◎ 译

中国科学技术出版社
·北 京·

How I Invest My Money: Finance Experts Reveal How They Save, Spend, and Invest by Joshua Brown and Brian Portnoy.

Copyright © Joshua Brown and Brian Portnoy.

Originally published in the UK by Harriman House Ltd in 2020, www.harriman-house.com.

Simplified Chinese translation copyright by China Science and Technology Press Co., Ltd. All rights reserved.

北京市版权局著作权合同登记　图字：01-2022-0076。

图书在版编目（CIP）数据

像投资专家一样思考 / （美）乔舒亚·布朗，（美）布莱恩·波特努瓦编著；李小霞译 . —北京：中国科学技术出版社，2022.6

书名原文：How I Invest My Money: Finance Experts Reveal How They Save, Spend, and Invest

ISBN 978-7-5046-9536-9

Ⅰ . ①像… Ⅱ . ①乔… ②布… ③李… Ⅲ . ①私人投资 Ⅳ . ① F830.59

中国版本图书馆 CIP 数据核字（2022）第 064194 号

策划编辑	褚福祎
责任编辑	申永刚
版式设计	蚂蚁设计
封面设计	创研设
责任校对	张晓莉
责任印制	李晓霖

出 版	中国科学技术出版社
发 行	中国科学技术出版社有限公司发行部
地 址	北京市海淀区中关村南大街 16 号
邮 编	100081
发行电话	010-62173865
传 真	010-62173081
网 址	http://www.cspbooks.com.cn

开 本	880mm×1230mm 1/32
字 数	150 千字
印 张	8
版 次	2022 年 6 月第 1 版
印 次	2022 年 6 月第 1 次印刷
印 刷	北京盛通印刷股份有限公司
书 号	ISBN 978-7-5046-9536-9/F・1001
定 价	59.00 元

（凡购买本社图书，如有缺页、倒页、脱页者，本社发行部负责调换）

前 言

我是个天天围着数字转的人,已经在各个财经电视节目上露脸有9年半之久。在大约114个月的时间里,我平均每周参加3个节目,这些节目的时长总计约1368个小时,谈论的都是有关经济和投资的话题,比如股票市场、债券市场等。

然而,在这么长的时间里,没有一个人问过我怎么管理自己的钱。是的,一个人都没有。

我在节目里评论过的事涉及方方面面:利率、估值倍数、财务报告会议、美联储的政策、税法变化、房价、信贷利差、创新和科技、消费者信心、交易策略、小企业所有权、新兴市场、指数基金、积极管理、股东行动主义、房地产投资信托、波动率、私募股权、风险投资、首次公开募股、石油和天然气价格、技术分析、价值投资、动量投资、智能贝塔、社会责任投资、社交媒体、生物技术和药品批准、总统选举、地缘政治、自然灾害、国防承包商、黄金和白银、加密货币、高频交易、"占领华尔街"运动、内幕交易、分析师的升级和降级、长期投资、日间交易、对冲基金、共同基金、交易所交易基金、体育产业、娱乐业、创业公司、破产公司、兼并和收购等,我甚至还采访过投资商兼说

像投资专家一样思考
HOW I INVEST MY MONEY

唱歌手50美分（50 Cent）。

可是，在这么长的时间里，从来没有人对我说："跟我们说说你是怎么用自己的钱投资的吧。"

从来没有过。

这倒不是说我不喜欢对上面这些话题发表评论，相反我非常喜欢。但是，回顾过去这些年我参加过的所有节目以及说过的话，惊讶地发现，竟然从来没有谈论过我是怎么管理自己的钱的！

为了弥补这一点，我在自己创建的博客"经纪人改革（The Reformed Broker）"上写了一篇文章，题目为《我如何用自己的钱投资》（*How I Invest My Own Money*）。这是我第一次详细描述我的个人投资方式，以及我为什么这么投资。结果，我写的这篇文章在许多社交媒体上疯传。

后来，我和本书的另一位编著者，也是我的朋友布莱恩·波特努瓦一起讨论了这个话题。两人都同时意识到，我们有一些令人兴奋的东西。

我们开始思考这样一个事实：鲜有金融领域的专业人士写文章谈论自己的个人财务和投资。这不禁让我好奇，如果我们去问问投资行业的朋友和同事，问他们会用自己的钱投资什么，为什么这样投资，他们会如何回答？

前言

我和布莱恩·波特努瓦都读过（甚至写过）数百本投资方面的书。这些书的内容要么是建议其他人该怎么投资，要么是从专业的角度讲解某种投资策略。即便是我们两人都特别喜欢、几乎奉为"金科玉律"的《金融怪杰》（*Market Wizards*）系列，主要讲的也是那些"金融怪杰"们如何用别人的钱进行投资。

事实上，投资专家探讨个人应该如何投资的书并不少，但很少有人详细说明他们自己是不是采纳过这些书中的建议。

在阅读本书后面的内容时，你将站在一个完全不同的角度阅读关于投资和资金管理的内容，看到我们认识的深思熟虑的、有趣的专业投资者们是如何管理他们自己的投资组合的。

比"怎么做"更重要的是"为什么这么做"。我最初是一位散户经纪人，后来成为一家市值数十亿美元的财富管理公司的首席执行官。从业这些年来，我与数千名投资者交谈过，他们当中既有散户，也有专业投资者。在这期间，我了解到人们投资的原因与投资的对象和方式一样重要。这本书中提到的所有人都精通学术投资理论，譬如现代投资组合理论、有效市场理论，等等。但正如你将在本书中看到的那样，每个人的视角都各不相同，每个人都有自己的理财故事。你将看到他们是如何投资、储蓄和消费的。

几年前，我与一位大型资产管理公司的共同基金批发商共进午餐，我们谈起了他的一些客户。他供职的那家公司作为廉价指数基金的大型供应商广为人知。他没有指名道姓，但告诉我："如果你知道有多少对冲基金经理把所有的个人资金都投入到我们的指数基金中，而他们只需要花费几个基点的成本时，你肯定会大吃一惊的。"

我当时反驳说，我恐怕一点都不会吃惊。

精心配置和专业交易的投资组合是带来巨额交易费用的最快途径。但是，对于那些寻求财富稳定增长，在某种程度上追求财务长期确定性的人来说，这些方案是最佳方案吗？也许不是。在我看来，为了守住财富，那些已经非常富有的人想要采取的是一种与他们在职业生涯中使用的策略截然不同的方法，这在我看来合乎情理。

当我和布莱恩着手写这本书的时候，我们列了一张名单，上面是我们两人从职业和个人角度都十分钦佩的专业投资人士。我们希望收集到来自各行各业的人配置他们的个人投资组合的方法，从风险投资到财务规划、资产管理，以及相关的一切。同时，我们也希望将这些想法告诉这些人，因为我们知道，他们会诚实、开放、真心实意地分享自己的职业和生活故事。

这是一本关于金钱、生活以及未来规划的书。在写这本书的过程中，我有了一个新发现，即我们个人的投资选择背后的原因揭示出自身的很多信息，这些信息比我们最初想象的要多得多。

我们是不是总是忙着帮助他人投资理财，却没有顾得上为自己维护一个井然有序的资产配置？我们是不是花了太多时间在公式、权衡、配比这些细节上，从而忽视了对大局的关注？个人的投资组合是否准确地反映了我们公开拥护的投资理念，还是说出于这样或那样的原因偏离了我们对外所奉行的宗旨？相比别人的钱，我们在管理自己的钱和用其投资时，愿意承担的风险是更大还是更小？考虑到工作性质，我们愿不愿意冒多余的风险？我们持有的资产是否还在为过去的错误判断埋单？我们是否早该对自己的行为进行调整了？我们的资产管理思路是否和家庭中的其他成员一致？当投资时，我们和家人对金钱的期望和目标一致吗？我们和家人能在投资节奏上达成一致吗？

在投资过程中，我们是否学到了足够多的东西来修正我们最初的投资观念？我们是在不断成长，还是在故步自封？

我们现在是处于自动投资的节奏中，还是仍然纠结在这些困难的问题上？

我很高兴能收集到投资行业中优秀的作家、讲述者的观点和个人故事，并将这些内容分享给各位读者。我和布莱恩对书中的各个章节进行了精心的组织和排列，不过，我们希望读者能够通过"点菜"的方式按需阅读。

在阅读过程中可能会发现，因为在本书中遇到了一个与你产生共鸣的故事或策略，你会不止一次地回到某些特定的章节，反复阅读。如果出现了这种情况，我们会觉得，这本书达成了它的使命。

如果读者能从我们同行的亲身经历中学到东西，并对如何管理自己的资金感到更有信心，那再没有什么比这更让我们高兴的了。

拿起这本书就是一个对你有益的决定。欢迎阅读，请尽情享受本书的内容！

乔舒亚·布朗

写于纽约梅里克（Merrick）

目 录

第一章
摩根·豪瑟：财务自由为首，其他顺其自然　　001

第二章
克里斯汀·本茨：平衡投资对象，也平衡家庭　　015

第三章
布莱恩·波特努瓦：明确自己的投资原则　　025

第四章
乔舒亚·布朗：适合自己才好　　037

第五章
罗伯特·P. 西莱特：投资是为了实现目标，更是因为爱　　049

第六章
卡罗琳·麦克拉纳汉：学会投资自己　　061

第七章
蒂龙·罗斯：失败带给人的回报最大　　069

第八章
达萨特·扬威：自律并以人为本地投资　　075

第九章
尼娜·奥尼尔：为现在和将来做好准备　　083

第十章
黛比·弗里曼：让自己有更多选择　　093

第十一章
谢尔·彭尼：我的 4 个资金池　　101

第十二章
泰德·西德斯：稳定带来满足感　　107

第十三章
阿什比·丹尼尔斯：找准目标，然后保持简单就好　　117

第十四章
布莱尔·杜奎奈：先打理好自己的事情　　127

第十五章
莱汉妮·米珂：认清什么对我而言最重要　　135

第十六章
珀斯·托尔：投资是表达与创作　　143

第十七章
乔舒亚·D. 罗杰斯：我的投资格言　　151

第十八章
珍妮·哈林顿：我看好股息　　161

第十九章
迈克尔·昂德希尔：小心通货膨胀　　　　　　　　　　169

第二十章
丹·伊根：金钱是仆人，不是主人　　　　　　　　　　179

第二十一章
霍华德·林德森：我倡导主动型投资　　　　　　　　　189

第二十二章
瑞安·克鲁格：不同寻常，永不停歇　　　　　　　　　195

第二十三章
拉泽塔·雷妮·布拉克斯顿：从投资自己到因使命而投资　205

第二十四章
玛格丽塔·程：机遇属于每一个会抓住它的人　　　　　215

第二十五章
亚历克斯·查勒基安：弄清财富对你来说意味着什么　　223

总结　　　　　　　　　　　　　　　　　　　　　　233

参考文献　　　　　　　　　　　　　　　　　　　　243

第一章

摩根·豪瑟：
财务自由为首,其他顺其自然

摩根·豪瑟（Morgan Housel）是风险投资公司联合基金（Collaborative Fund）的合伙人。他之前在《华尔街日报》（*The Wall Street Journal*）和美国知名股票分析媒体The Motley Fool担任专栏作家。他曾两次赢得美国商业编辑和作家协会（Society of American Business Editors and Writers）颁发的最佳商业奖，《纽约时报》（*New York Times*）的悉尼奖（The Sidney Award），也曾两次入围杰拉德·洛布奖（Gerald Loeb Award）。他的作品还受到《哥伦比亚新闻评论》（*Columbia Journalism Review*）杂志社出版的《最佳商业写作》（*The Best Business Writing*）刊物的推荐。他还是《致富心态：关于财富、贪婪和幸福的永恒课程》（*The Psychology of Money: Timeless lessons on wealth, greed, and happiness*）一书的作者。

第一章

摩根·豪瑟：财务自由为首，其他顺其自然

据说，创办了第一曼哈顿投资顾问公司（First Manhattan Co.）的亿万富翁、投资人桑迪·戈特斯曼（Sandy Gottesman）在为他的投资团队面试应聘者时，总会问这样一个问题："你持有哪些资产？为什么持有它？"相反，他不会问对方"你认为哪些股票便宜"或"哪种类型的经济即将陷入衰退"，他想知道的是"你怎么管理自己的资产"。

我非常喜欢戈特斯曼提出的问题，因为它突出了人们在理智上认为正确的事和在感觉上认为正确的事之间的巨大差距。前者是人们建议你做的事，而后者则是人们实际做的事。

据国际权威评级机构晨星公司（Morningstar，美国最主要的投资研究机构之一）的数据显示，美国所有的基金投资组合经理中，有一半人没有向自己管理的基金投过一分钱。这一统计数据看上去有些让人心痛，而且毫无疑问，还揭露出某种伪善的现实。

不过，这类事情其实比你以为的要普遍得多。美国南加州大学的医学教授肯·默里（Ken Murray）在2011年写了一篇题为《医生怎样死亡》（*How Doctors Die*）的文章，其中显示，医生向患者推荐的临终治疗方法和他们为自己选择的临终治疗方法是不同的。

他这样写道："（医生）在应对自己的死亡时和其他人大不相同。与大多数美国人相比，他们并不是得到了更多的治疗，而是正相反——得到的治疗要少得多。他们总是在帮助他人躲避死亡，但当自己面对死亡时，往往相当平静。他们内心知道将会发生什么，也知道该如何选择，通常也能够获得他们想要的医疗保健。但是，他们往往选择安详地死去。"医生可能会为癌症病人的治疗全力以赴，但当他们自己得了癌症时，却往往选择从简治疗。

别人建议你怎么做和他们自己会怎么做，这两者之间是有差别的。这种差别并非总是坏事，它只是说明，当你所要处理的问题十分复杂、涉及情感、会影响到你和你的家庭时，该怎么做往往没有一个绝对正确的答案，更没有放之四海而皆准的真理。

对你和你的家庭有利的、能让你晚上睡得着觉的做法，才是你该选择的做法。

不管是在金融领域还是在医疗领域，有一些基本的原则是必须遵守的。不过，真正重要的财务决策并不是通过统计电子表格中的信息或翻阅教科书做出来的，它们往往是在餐桌上做出来的。这些决策往往并不是为了最大化回报，而是为了尽量减少让配偶或孩子失望的概率。这类事情很难用图表或公式来概括，而且因人而异，就像对张三适用的决策可能并不适合李四。

你必须找出适合自己的方法。以下方法对我而言十分有效。

我和我的家人如何看待储蓄

美国投资家查理·芒格（Charlie Munger）曾经说过："我从没想要变富，我只是想要独立。"

我认为，我们可以不去考虑发家致富，但财务自由一直是我个人的财务目标。追求最高的投资回报，或是利用我的资产过上最奢侈的生活，我对这两件事兴趣不大。这两件事看上去都像是做游戏，只是为了让朋友们刮目相看，而且都有潜在的风险。总体而言，我只想确保每天一睁眼就知道，我和家人都可以按照自己的意愿去做任何想做的事。我们家的每一个财务决策都是围绕这一目标做出的。

我的父母成年后的生活大致分为两个阶段：贫穷阶段和小康阶段。我父亲育有3个子女，40岁时成了一名医生。医生的薪水并没有让他改掉在医学院一边寒窗苦读、一边抚养3个饥肠辘辘的孩子时被迫养成的节俭心态。我的父母过了很多年节衣缩食的生活，我们家的储蓄率极高，因为他们把大部分收入都存了起来。这让他们后来获得了一定程度的财务自由。可是，我父亲是一名急诊室医生，这是我能想象的压力最大的职业之一。经常值夜班，昼夜生活规律不停地被打乱，他感到十分痛苦。20年后，他觉得自己干够了，于是就停了下来，辞职不干了。于是，他们进入了人生的下一个阶段。

我父亲辞职的事让我印象深刻。一个人能够根据自己的意愿做好准备，然后在某天早上醒来，宣布彻底改变生活方式或者工作，这似乎是所有人追求的终极财务目标。对我而言，财务自由并不意味着不工作，而是意味着只要我想，就可以在希望的时间和喜欢的人做喜欢的事。

要实现某种程度的财务自由，靠的并不是当医生的收入。主要来讲，这是一个控制个人期望值、量入为出的问题。不管收入水平如何，经济独立、财务自由都是由你的储蓄率决定的。当你的收入超过一定水平时，生活方式可能会发生变化，对生活的预期也可能会水涨船高。这时，储蓄率就取决于你控制对生活的预期的能力。

我和妻子是在大学里认识的，在搬到一起生活了几年后，我

第一章
摩根·豪瑟：财务自由为首，其他顺其自然

们正式结了婚。毕业后，我们两人都从事一些入门级的工作，拿着入门级的薪水，日子过得清淡平和。每个人的生活方式都不一样，就像在张三眼里十分体面的生活，在李四眼里可能会过于奢靡，而在王五眼里却过于寒酸。重要的是储蓄率，我们根据自己的收入水平量入为出，选择合适的住所、出行工具、穿着、饮食。舒适就好，不必花哨。

后来，我进入金融行业，我妻子进入医疗行业。结婚十多年来，尽管收入在不断增长，但我们多多少少仍然保持着最初的生活方式。这使得我们的储蓄率持续上升。我们的收入差不多都变成了储蓄，变成了我们的"财务自由基金"。如今的生活水平大大低于我们的收入水平，这样的生活并不是因为我们的收入，更多是因为我们两人决定一直保持20多岁时建立的那种生活方式。

如果说，我们的家庭财务计划中有哪个部分让我感到自豪的话，那就是我们从年轻时起，就找到了自己喜欢的生活方式，并一直没有改变。我们的储蓄率相当高，却很少觉得生活困苦，因为我们对物质生活的渴望并没有发生多大变化。这并不是说我们不渴望物质生活——我们同样喜欢好东西、喜欢舒适的生活，只是我们的生活方式一直没变。

这并不适用于所有人，只是对我们很适用。因为我们双方都同意这么做，并不是一方向另一方妥协的结果。我们喜欢散步、阅读、玩播客，做这些事需要花费的钱很少，但我们从中获得了很多乐趣，所以很少觉得自己错失了什么。当我偶尔质疑我们家的储蓄率是否过高时，就会想到我的父母多年来大量的储蓄换来的财务自由，于是很快就会回过神来，不去质疑了。财务自由是我们家的最高目标。维持一种低于自身承担能力的生活方式还有一个好处，就是避免了互相攀比的心理累赘。舒适地维持一种低于自身承担能力的生活方式，没有太多的物质欲望，也消除了在当今许多人所承受的巨大社会压力。风险管理理论学者纳西姆·尼古拉斯·塔勒布（Nassim Nicholas Taleb）解释说："真正的成功是能摆脱激烈的竞争，调整自己的活动，从而获得内心的平静。"我很欣赏这句话。

到目前为止，我和我的家人一直致力于实现财务自由，但所做的各种财务决策有时看起来并不怎么合理。我们买房时没有办理抵押贷款，这是我们做过的最糟糕的财务决定，但也是最好的财务决定。在我们买房时，当时的抵押贷款利率低得离谱。任何理智的理财顾问都会建议大家利用廉价贷款，然后将额外的储蓄投资到股票等高回报的资产项目上。但我们的目标并不是做出冷冰冰的理性选择，而是要让心理上获得舒适感。

我从拥有房子中获得的财务自由的幸福感，要远远强过使用廉价抵押贷款杠杆化我的资产获得的财务收益。和最大化我们资

第一章

摩根·豪瑟：财务自由为首，其他顺其自然

产的长期价值相比，减少每月支出带来的感觉更好，这让我感到经济独立、财务自由。

对于这种做法，肯定会有人列出一大堆缺陷，还有人永远不会这么做。我不打算为自己的这个决定做任何辩护。理论上讲，这根本无从辩护，但它就是对我和我的家人很有效。我们都喜欢这个决定，这才是最重要的。好的决定并不总是理性的。有时候，你必须在快乐和理论上的"正确"之间做出选择。

此外，我们的现金资产在家庭总资产中的占比也比大多数理财顾问建议的要高——约占我们资产（除房屋价值外）的20%。这在理论上也是站不住脚的，我也不推荐其他人这么做。只不过这么做对我和我的家人很有用。我们之所以这么做，是因为在我们看来，现金相当于财务自由的氧气。更重要的是，我们永远不想被迫卖掉持有的股票。我们希望面对巨额开支的可能性和需要变卖股票来填补亏空的可能性尽可能地接近零。这也许只是因为我们的风险承受能力比别人低吧。

不过，从个人理财中学到的经验告诉我，每个人，无一例外，最终都会面临一笔他们预料之外的巨额支出，他们不会专门为这笔支出做计划，因为他们根本没有预料到会有这笔支出。少数了解我家财务细节的人会问我："你存钱是为了什么？为了买房？买游艇？买新车？"不，都不是。我存钱是为了应对这样一个世界，在这里，意外情况比我们想得更普遍、更常见。如果我们不必为了巨额支出而被迫出售股票，这也就意味着我们增加了让自己持有的股票在最长时间内实现复利的可能性。查理·芒格有句话说得好："保持复利的第一规则就是，永远不要轻易打断它。"

我和我的家人如何看待投资

我的投资生涯始于选股。那时候我只持有公司股票，大多是伯克希尔·哈撒韦公司（Berkshire Hathaway，著名保险和多元化投资集团）、宝洁公司这样的大公司的股票，其中也有些我认为极具投资价值的小公司的股票。我从20多岁开始，持有公司股票的数量大约都维持在25只。

我并不清楚自己的选股表现如何。有没有跑赢市场呢？这些我也说不好。像大多数初涉此道的人一样，我的成绩并不稳定。不管怎样，现在我已经改变了看法，我们持有的每一只股票都是低成本的指数基金。

我并不反对主动选股的行为，无论是自己选股，还是把你的钱交给一个主动型基金经理去运作，我都不反对。我也认为有些

第一章

摩根·豪瑟：财务自由为首，其他顺其自然

人的表现的确可以超过市场平均水平——不过能做到这一点非常困难，比大多数人想象得要困难得多。如果让我总结自己对投资的看法，那就是：每个投资者都要设定目标，并选择一种实现这一目标概率最高的策略。我认为，对大多数投资者而言，要想获得长期投资的成功，定投低成本指数基金是最好的策略之一。这并不是说，指数基金投资这种方式总能成功，也不是说它适合所有人。同样，主动选股也并不意味着就注定会失败。在我看来，总的来说，这个行业已经变得过于偏向某一方，尤其是那些强烈反对积极投资策略的人。

击败市场本来就应该很难，成功的概率本来就应该很低。如果不是这样，每个人都会用能跑赢市场的投资方法，如果每个人都这么做，也就没有机会可言了。正因为如此，大多数试图跑赢市场的投资者都未能成功的现象，也就不足为奇了（统计数据显示，在截至2019年的10年间，85%的大型股基金经理的业绩表现都落后于标准普尔500指数）。

我知道不少人认为试图跑赢市场的念头十分疯狂，尽管如此，他们却鼓励自己的孩子树立摘星之志，努力成为他们所希望的样子。人各有志，生活就是碰运气，我们每个人对运气的看法其实都不太一样。

多年来，我逐渐认识到，如果我们家连续几十年持续把钱投资在低成本的指数基金上，让这些钱自行收获复利，就很有可能实现家庭的所有财务目标。这种观点很大程度上来自我们节俭消费的生活方式。如果不必承担要跑赢市场的额外风险就能实现所有的财务目标，那么去尝试这些有风险的事还有什么意义呢？我可以不做世界上最伟大的投资者，但绝不能做一个糟糕的投资者。当我这么想的时候，购买并持有指数基金对我而言，就是显而易见的选择。我知道，并不是每个人都同意我这种逻辑，特别是我的那些朋友们，他们的工作就是要跑赢市场。我由衷地尊重他们的行为，只不过，这种选择对于我家的确有效。

我和我的家人把每笔钱都投到了这些指数基金上——包括美国的以及美国以外的股票。我们也没有设立固定的目标，就是把减去家庭开支后剩余的钱都投进去。当然，我们同样用这些指数基金最大限度地保证了我们的退休金需求，以及孩子们的529大学储蓄计划[①]。

情况就是这样。实际上，我们所有的净资产就是一栋房子、一个支票账户，以及一些先锋领航投资管理有限公司的指数基金（Vanguard index funds）。对我们家而言，没必要比这更复杂。

[①] 根据其在美国国家税务局法规中的条款编号命名。它是一种可以享受税收优惠政策的大学教育储蓄计划，并且可以帮助投资者把钱放在一个升值的账户中，用于未来的教育支出。——译者注

第一章
摩根·豪瑟：财务自由为首，其他顺其自然

我喜欢简单。我有一个根深蒂固的投资信念：在我看来，投资努力和投资回报之间几乎没有关联。其原因就在于，世界是由尾部驱动的——几个变量导致了主体的收益。无论你投资多么努力，只要错过两三件对你的投资策略起关键作用的事情，投资收益就好不了；反之亦然。只要能抓住对成功至关重要的几件事，简单的投资策略就能发挥巨大的作用。我的投资策略并不依赖于选对某个股票，也不依赖于把握下一个衰退的时机，而是依赖我的高储蓄率、耐心，以及对全球经济将在未来几十年创造价值的乐观态度。我几乎把所有投资努力都花在了这三者上，尤其是前两者——因为这两者我完全能控制。

过去这些年，我改变过投资策略。所以，未来我当然也可能会改变投资策略。

但无论我和我的家人如何储蓄或投资，有一点我可以确信，那就是保证经济独立、财务自由永远是我们的目标，只要能保证心里踏实，我们就会去做。

我们认为，这就是我们的最终目标——在心理上驾驭金钱。

不过，每个人都有自己的想法和心得。大家都是理智的。

第二章

克里斯汀·本茨：
平衡投资对象，也平衡家庭

克里斯汀·本茨（Christine Benz）是晨星公司的个人理财事业部总监，也是晨星网（晨星公司官方网站）的资深专栏作家。她还联合主持了一个名为"远见"（The Long View）的播客节目，专门深度采访投资和个人理财领域的知名人士。2019年，她入选了《克雷恩芝加哥商业周刊》（Crain's Chicago Business）的"金融领域杰出女性"榜单。2020年，她又入选了《巴伦周刊》（Barron's）的首期"美国金融界100位最具影响力的女性"榜单。

本茨是《30分钟理财：分步理财指南》（30-Minute Money Solutions: A Step-by-Step Guide to Managing Your Finances）一书的作者，也是畅销书《这样买基金就赚钱：晨星教你如何配置资金》（Morningstar Guide to Mutual Funds: Five-Star Strategies for Success）一书的作者。

本茨是约翰·博格尔财识中心（John C. Bogle Center for Financial Literacy）的董事会成员。她还是商业人士组织The Alpha Group的成员，该组织汇聚了财富管理行业的众多知名人士。此外，她还与贫困妇女共同合作，提高女性对个人理财概念的理解。

第二章

克里斯汀·本茨：平衡投资对象，也平衡家庭

我永远无法对投资充满热情。

开口承认这一点实在不怎么舒服，因为在我的职业生涯中，投资一直是我的核心工作，和我一起的同事都是对投资十分了解和热爱的资深人士。我的一些同事特别热衷于研究两种交易型开放式指数基金（Exchange Traded Fund，简称ETF）的表现差异，还有一些同事特别喜欢听基金经理们喋喋不休地谈论他们选股的细节。

但那样的人不是我。不过，对于这一点，我已经坦然接受了，因为我发现，我真正热爱的是投资者们，而他们当中大多数对投资本身也不热衷。相反，他们把投资看成是达成目的的一种手段——一种帮助他们支付子女的大学学费，或是为退休提供经济保障的方式。对他们而言，和具体怎么选择投资策略相比，把诸如量入为出、设定合理的储蓄率、让自己一直有工作这些他们心中的大事做好，对他们实现自己的财务目标更有决定意义。精简、易操作、低成本、实用的投资组合才是正确的选择。

我丈夫和我也试图用同样的方式管理我们的资产，这样我们就能把精力集中在那些对我们而言最重要的事情上：从事让我们感到有价值的职业，发展对音乐、美食和旅行的共同爱好，参与社区活动，多陪伴家人。我的一个妹妹有智力障碍，她每年都有一段时间住在我家，照顾她、确保她过得幸福安康是我的重要任务，在我父母去世后这10年间，这更是重中之重。

为了让家庭理财尽可能简单，我们只保留了几个账户。之所以能够做到这一点，很大程度上是因为我和我丈夫都在各自的公司工作了25年以上（我们都是公司里的老员工）。我们两人都加入了401（k）计划（美国一种延迟纳税的养老金储蓄计划），都在先锋领航投资管理有限公司放有应税资产，并开设了个人退休账户（IRA）。我还开设了一个医疗储蓄账户。我们还在芝加哥的一家老牌财富管理银行设有支票和储蓄账户。我们经常开玩笑说，我们大概是他们最糟糕的客户，因为我们尽量不在账户里存太多钱，只存需要用的钱，而且只是旅行前兑换外币、用他们的在线支付系统以及自动取款机，几乎不使用他们的任何其他服务。

我在晨星公司的401（k）账户中，既有主动型基金，也有被动型基金，不过主要是主动型基金。我的401（k）账户中主要是股票。我用四分之一的账户资金购买了4只股票型基金，它们分别是先锋机构指数基金（Vanguard Institutional Index）、美国

第二章

克里斯汀·本茨：平衡投资对象，也平衡家庭

华盛顿共同基金（American Funds Washington Mutual，它是R6类[①]的，费用为0.27%）、先锋国际成长型基金（Vanguard International Growth）和道奇·考克斯基金（Dodge & Cox International）。在过去的5年多里，我一直在这4只基金中投入资金。我持有最多的是先锋国际成长型基金，大概从1993年加入晨星公司以来我就一直持有这只基金。在过去大约10年里，我一直在为罗斯401（k）账户［Roth 401（k）］缴款，不过我在传统型401（k）账户［Traditional 401（k）］中的余额也不少[②]。最近，晨星公司又增加了一项规定，允许我们将税后收入放入内部罗斯401（k）账户[③]。我计划逐渐使用这个账户，这样，我就能通过这个账户获得更多的退休收益——高于401（k）账户的基准缴费额度——并能往我的罗斯401（k）账户上存进更多的钱。这种方法比投资传统的应税账户更能节省税收支出。

---

① R6类股票一般只适用于某些类型的员工福利计划，不直接向公众出售。——编者注
② 罗斯401（k）计划，即划拨至养老金账户的钱在划拨时照常计入当年的应税收入中，但在养老金提领时不再计入应税收入中。传统型401（k）计划，即划拨至养老金账户的钱在划拨时从当年度应税收入中扣除，但在养老金提领时计入提领年度的应税收入中。——译者注
③ 罗斯401（k）计划允许员工缴纳税后美元。这样做的回报是，当员工退休后提取这些钱时，这些钱和这些年的收益不需要缴纳所得税。——译者注

我丈夫的401（k）账户中大部分都是被动型基金，不过他的债券风险敞口是太平洋投资管理公司总回报基金（PIMCO Total Return）。他的401（k）账户里的债券比我多一点儿，但也不是很多。

我和我丈夫都在先锋领航投资管理有限公司设有应税账户，每个月都有钱自动转入我们的账户中。在这个账户下，我们只持有几个基金：先锋PRIMECAP核心基金（Vanguard PRIMECAP Core）、先锋发达市场指数基金（Vanguard Developed Markets Index Fund）、先锋中期免税基金（Vanguard Intermediate-Term Tax-Exempt）和免税货币市场基金（Tax-Exempt Money Market Fund）。我们每个月都会往里投入资金，但向股票基金投入的资金数额更大。可以肯定，如果进行一揽子交易，节税效果会更好，特别是在美国股票投资中选择了总市场指数基金或交易型开放式指数基金，效果更明显。

不过，我们的先锋PRIMECAP核心基金自成立以来就开设了账户，如果换掉这个账户的话，会引发一系列的资本收益问题。我尽量不去担心这样的问题，当然这些细节问题也很重要，但主要决策正确与否才是计划成败的关键。我们投资到此账户比投资到其他地方更安全，很大程度上是因为我们觉得拥有流动性更强的资产是正确的选择，这样我们就可以在需要资金的时候随时动

第二章

克里斯汀·本茨：平衡投资对象，也平衡家庭

用这些资产。

从2010年开始，罗斯个人退休金计划（Roth IRA）开了个可以随时取款的"后门"，对我和我丈夫很有利。我们每年先将资金存入传统个人退休金账户，然后再将这些资金转入罗斯个人退休金账户。当我们开始这么做时，使用晨星公司的X射线工具[①]来检查我们的投资组合的配置情况。后来注意到，我们对海外股票和价值型基金的关注较少，于是又在投资组合中增加了先锋国际价值型基金（Vanguard International Value Fund）。我们两人的个人退休金账户只持有这一种基金。受到个人退休金账户对新增缴款的限制，这个账户不是很大。不过，自从我们开始将资金注入此类账户之后，投资收益的增长势头很不错。而且，退休后有这样一个资金来源，无须缴税，而且不受强制最低提款规定的约束，还是很不错的。

自从晨星公司几年前增加了一项高免赔额医保计划以来，我一直在我的医疗储蓄账户中存入最高限额的钱。这些钱的数额现在并不是很高，但我们一直尽量用医疗储蓄账户以外的账户来支付医疗费用，这样能让我们的医疗储蓄账户上的资金持续增长。你会惊奇地发现，这种持续投入的资金带来的增长有多么可观，

---

① 晨星公司的X射线工具可以帮助投资者查看基金的投资组合，了解其中的确切资产。——译者注

而这些投入的资金每个月从我的薪水中被直接扣除时显得多么无关痛痒。

在某种程度上，这一系列做法都很有效。我认为这的确归功于一些因素，所有这些因素单独看起来都平凡无奇。我认为，其中排在第一位的因素就是，我和我丈夫从业以来一直工作稳定，这也让我们有能力持续存钱。因为有工作，我们将所有储蓄和投资行为都设置成了自动执行，包括管理我们的应税收入。我们就这样一直做了很多年。

我和我丈夫也很幸运，在财务问题上总能保持意见一致。他一直非常节俭，但在重要的事情上从不吝啬，这一点很早就影响了我，让我也总是这么做。我认为，我们在如何花钱的问题上意见一致，也反映出我们在价值观上的一致。例如，最近我提了个建议，向某位生活中需要帮助的人提供一些经济上的援助。我提出这个建议时心里有点紧张，怕我丈夫会觉得我过于慷慨。但他却回答："哦，当然可以。我们应该这么做。"在我看来，伴侣双方在经济问题上步调一致可以让理财行动事半功倍，但这一点却似乎很少有人提及。

自我从业以来的大部分时间里，我都持有晨星公司的股票，也是运气使然，这只股票一直表现不错。多年来，我一直试图通过节税来减少投资持有量，但客观地说，由于我集中持有聘用者

第二章

克里斯汀·本茨：平衡投资对象，也平衡家庭

的股票，我在财务上的风险增加了。我直接持有晨星公司的一些上市股票，也持有一些限制性股票。我在芝加哥地区见过一家非常棒的、按小时计服务费的财务规划公司，它的员工们在公司股票方面有很多专业知识，在如何减少持股的同时又不遭受沉重的税收打击方面对我们很有帮助。

另一个有利的关键因素是，我们的理财方式一直都相当偏重投资股票。大家都知道市场是有周期的，所以在市场进入正常会出现的低迷时期时，我们并没有受到什么困扰。事实上，我经常不得不假装对人们在遇到市场波动时受到惊吓和感到恐慌的现象表示理解。不过，说实话，我自己对市场波动完全不以为然。当然，并不排除下一次的市场低迷会对我产生更深远的影响，毕竟，上一次市场低迷发生在我写这篇文章时的10年前，现在我和丈夫都老了10岁，离退休也更近了。

我和我的丈夫拥有一所自己喜欢的房子，但我们都不认为这是一个投资对象。换作更年轻的时候，我们可能会认为买房是一项投资，特别是在我们为购买第一处住房投入了大量的血汗钱时，更是如此，看着我们的房产不断升值，感觉非常愉快。那时候，房产在我们的净资产中占了很大比例。然而，到了如今这个人生阶段，房子是我们的家，是我们生活的地方，而不是一个投资对象。如果我们要搬家，很可能会在住房上花新的钱。因此，当

我考虑我们的家庭资产时，与住房相关的资产并没有纳入考虑。

如果说我和我丈夫曾犯过什么错误的话，那主要应该是，我们的应税账户中总有一些资金在周转，这一方面是因为我们的习惯，另一方面是因为我们想把这些资金转到有更高回报潜力的项目上时，总觉得时机不好。其中肯定存在机会成本，尤其是当现金收益率接近于零时，损失肯定是有的。不过换个思路看，知道我们有流动性储备，可以在必要时动用，可能会让我们安心地继续积极经营我们的退休金账户。

我坚信生活的成功就是找到平衡，同时认为我的投资正好反映了这一点。

第三章

布莱恩·波特努瓦：
明确自己的投资原则

布莱恩·波特努瓦是金融服务平台财富规划（Shaping Wealth）的创始人，这是一个财务健康服务平台，旨在服务个人和组织，为其提供更好的资金决策。他致力行为金融学研究，著有两本广受好评的书，《投资者的悖论：简单在充满选择的世界里的力量》（*The Investor's Paradox:The Power of Simplicity in a World of Overwhelming Choice*）和《财富几何学：通向财务自由之路》（*The Geometry of Wealth:How to Shape a Life of Money and Meaning*），对如何做出更好的财务决策进行了深刻分析，同时全面探讨了财富如何让生活变得更好这一话题。他曾担任主题演讲嘉宾、研讨会负责人以及成千上万人的投资导师，他探讨的话题从投资组合策略到金钱与幸福的联系，十分广泛。布莱恩在对冲基金和共同基金行业从业20多年，他是注册金融分析师（Chartered Financial Analyst，简称CFA），在芝加哥大学获得博士学位，同时在决策教育联盟（Alliance for Decision Education）顾问委员会任职。他与妻子和3个孩子生活在芝加哥。

第三章
布莱恩·波特努瓦：明确自己的投资原则

我的父母经常为钱的事争吵，倒不是因为我们家很缺钱。我父亲挣得很多，但我母亲花得更多。出于多种原因，他们似乎并不喜欢彼此，而金钱既在他们之间造成冲突，又让他们彼此牵制。他们离婚后，关于赡养费和子女抚养费的问题，让他们之间的龃龉又延续了几十年。

时至今日，如果有人问我：关于金钱，我从我的父母那里学到了什么？我的回答总是很干脆：什么都没学到。如果让我再多说两句，我的回答恐怕有些刺耳：金钱是一种工具，可以用来买东西，但也可以用来伤害他人。

人们很容易把我的回答和我目前的职业联系起来，从而得出这样的结论：我专注于财务健康服务，在某种程度上是想化解我童年时的痛苦。这听起来挺合理，但事实并非如此。我在金融行业中20年的从业生涯完全始于偶然。2000年，我离开学术界，加入了晨星公司。当时我身无分文，还想和特蕾西（Tracy）结婚（她现在是我妻子，我们结婚20多年了）。我不想继续在学术圈里打拼，正好晨星公司愿意聘用我这种会写点文章、对市场也很感兴趣的"怪人"。至于我怎样用自己的钱投资，这并不像什么弗洛伊德式的谜题[①]，对我而言只是一种适应性的解决方法，确保我能与我爱的人、我珍视的理念一起生活。

关于理财生活——不光包括投资，还包括收入、支出、储蓄、借贷、赠予等，在我看来其核心就是：有资金支持的满足感。我相信，真正的财富是一种能力，它能够保证对我而言有意义的生活。这与单纯的富有或拥有更多资产是完全不同的。只要想到我理想的生活，想到我妻子和3个孩子的生活，有资金支持的满足感就是我追求的感觉。

我曾半开玩笑地说，我该写一本名为《夹心人》（*Sandwiched*）的书，专门讲述上有老、下有小的人过着什么样的生活。这些人扛起哪一头都是巨大的挑战，要扛起两头更是困难重重，不光辛苦万分，而且要花费很多钱。

我和我的家人有几个目标。首先是每天的生活要方便，尽可能减少烦恼，这样我们才有精力去花心思让生活更有意义，才能去花心思维系深厚的亲友关系、尝试美妙的事（尤其是旅行）、

[①] 此处指做出的选择的背后存在某种精神或心理上的影响作用。——译者注

第三章
布莱恩·波特努瓦：明确自己的投资原则

获得职业成就，以及追求超越自我的感觉。

其次是面对两座大山：供孩子上大学和退休。如果我的3个孩子本（Ben）、扎克（Zach）和萨拉（Sarah）都就读四年制私立大学，那我大概要花掉一百万美元。至于我们的退休生活需要多少钱则是一个大体猜测（我知道所有的数字、计算公式、现金流指标，但仍然只是猜测），所以我和我妻子打算最大限度地利用401（k）计划和个人退休金账户。

再次是让孩子们在照顾我和我妻子时不必有经济负担。帮忙供养我母亲这件事让我有了经济负担，所以我发誓，以后绝不能给孩子们带来经济负担。

最后是照顾我的妹妹谢丽尔（Cheryl）。她患有一种脆性X染色体的遗传疾病，这导致她有发育障碍，总需要我的帮助。而且，她的余生都需要我的照顾，这让我颇感压力。但这也是一种深层次的责任，让我的生活有了目标，我必须挣钱保障我妹妹的生活。多年来，我父亲承担了不少供养妹妹的责任，不过到了一定的时候，这件事就要全靠我了。

为了支撑所有这些目标，我成了个精打细算的人。我很喜欢这样一种观念：所有的模型都是错误的，但其中有一些很实用，因为它反映出我运用在自己理财生活中的实用主义理念。首先，如上所述，我把我需要承担的费用分成了几大类，从供孩子上大学的费用这类大额一次性支出，到现在和退休后的定期支出。其次，围绕这些开销，我还有几种不同的做法。我定下了4个原则：

（1）不求更好

（2）现金充裕

（3）拥有持续的收入

（4）持有长期期权

在详述这些原则之前，我先来谈谈财务规划这个话题。对于成功的财务规划而言，如果你能排除干扰，投资其实是最简单的部分。财务规划的关键始于其他内容：首先是收入，其次是支出、储蓄和借贷。

我并非自谦，但如果说我在对冲基金行业多年，并在此行业中赚了不少钱，那么运气的成分很大。这个行业自有一套生态系统，我利用它来达到自己的目的。虽然收入很高，但我妻子和我在花钱方面很自律，这并不是因为我们的预算做得严格，而是因为我们都不觊觎那些对他人而言似乎颇为诱人的奢侈品（汽车、珠宝、名贵红酒、高档艺术品等）。因此，我们的财务健康的基石就是两点：热衷储蓄、反感欠债。写这篇文章时，我们刚还清

第三章
布莱恩·波特努瓦：明确自己的投资原则

了抵押贷款。我知道不还贷款，把那些现金捏在手里可能赚到"差价"，但我不在乎，因为我不喜欢背负着抵押贷款，更别提还要背负着其他债务了。

有了收入、支出、储蓄和借贷，才能谈到投资。现在来谈谈我的4个原则。

（1）不求更好。如何挑选"更好的"基金经理这种想法，在我看来根本就是徒劳的，这种单纯的念头由来已久、罄竹难书（实际上我的确写了一本书论述过此念头）。在与世界上最优秀的基金经理打交道20年之后，我得出的结论是，有许多人在几乎所有时间都应该持有股票、贝塔指数债券基金（bond beta index Funds）或者交易型开放式指数基金，按照合理的比例配置它们，然后继续生活。我们的大部分供孩子上大学和为退休准备的资产都放在了先锋全球股票交易型开放式指数基金中（Vanguard Total World Stock ETF，简称VT）。VT提供全球多元化的股权配置，每年的成本仅9个基点（几乎可以忽略）。只要全球股市表现良好，我的收益也就良好。我对根据地区、行业或其他因素而调整、倾斜投资组合这种事毫无兴趣，我认为这简直比根据抛硬币的结果猜对错还不靠谱。我认识很多非常富有的基金经理，他们以做这样的事为生，但往往会出错。有这样操心的功夫，我宁可去看书。

（2）现金充裕。理论上讲，我犯过的最大投资错误之一就是持有太多现金。有时，我持有的现金甚至超过了家庭总净资产的25%。在长达10年的牛市中，我可以用这些现金赚多少钱呀！光是想想就有些心疼。不过，实际上我对此另有想法，对于我来说，现金充裕是好事。首先，我的职业有极高的市场风险，因为工作的稳定和金融环境的稳定是紧密相关的。像2008年金融风暴这样的时期，让我和我的家庭财务稳定都面临着风险。我必须有对冲手段。我在金融领域做过很多工作，有些时候我是自愿离职，有些时候则不是。现金对冲了我的负债——包括现金负债和对家庭的感情负担。我知道，不管怎么样，就算我在职业生涯中真的不走运了，我妻子和孩子们在很长一段时间内都不会有事，这就足以让我安心了。我还有一个更具建设性的观点：现金可以在利用市场混乱或意外机遇方面为我提供选择。

在如今这个利率极低的世界，我试图利用充裕的现金赚取更高的回报。与其他人不同，我没有把理财业务转去那些利率略高的银行。但这么折腾只为增加几个基点的收益，看起来很不值得。相反，我一直尝试将现金投资于税前收益率很高的短期市政债券。我投资了一个小型（有限合伙型）私募基金，该基金购买短期、零星的市政债券，税后收益率超过5%。只要花工夫寻找，

第三章
布莱恩·波特努瓦：明确自己的投资原则

类似的投资机会总会有，而且大型机构市政债券买家几乎碰不到类似的机会。有人可能会说这是债券投资，并不是现金投资，我认为其实怎么理解都无所谓。这种基金是按月（而不是按日）赎回的，这使得项目经理们能够有效地管理该基金。

（3）拥有持续的收入。我妻子和我拥有几处房地产，可以产生经常性的收入。我很喜欢每个月都有房租入账的感觉。我的梦想是，到我60多岁的时候，还能有一笔相当可观的、稳定的收入。这笔收入在我和我妻子健康的时候，能满足我们的日常生活需要；在衰老或生病的时候，能满足我们的需求。

除了这些无固定期限的收入来源，我们还投资较短期限的私人贷款，它是一个奇特的"机遇大杂烩"，源于我与私募投资者网络的接触，其中往往是某种形式的可转换、有优先权或优先债务偿还权的证券，这些证券的风险回报率很吸引人，而且未来还有上升的可能。例如，我是一个小型财团的成员，该财团贷款给一个采石场老板用于让他购买新的岩石破碎设备。由于特殊的原因，银行没有为采石场老板提供融资，于是我和采石场老板的一个共同的朋友设计了一份回报率在15%左右的票据来融资。我还持有一些主要由政府机构租赁的建筑项目发行的优先债券。同样，出于一些特殊的原因，我的贷款收入颇为可观。而且，如果这些建筑项目在未来几年出售，它们的价值也会有所上升。要想获得这些收入，关键是找到介入的机会。如何将社会资本转化为金融资本，我们要学的东西非常多。

（4）持有长期期权。这些长期期权是一些不确定的天使投资和风险投资。到目前为止，我已经或将继续持有一些小公司的股份，我希望这些小公司能取得成功。有些公司的确做得不错，包括一家成功将自己卖给烈酒品牌整合商的精酿威士忌制造商和一家医用大麻经营公司。还有一些公司的经营状况已经血本无归，或者在死亡边缘徘徊（这感觉真可怕）。大多数公司都是活蹦乱跳的。例如，我的一个好朋友开了家很酷的公司，专门为企业客户提供冥想服务。我为他投资了2.5万美元，因为我很支持她。实际上她经营得不太好，但我认为她做得非常棒，我支持了我的朋友。一般来说，只要我投资的公司中有几个公司能够成功，我就会赚"很多"钱。但具体能赚多少，则完全是一种猜测，把我的财务计划押在任何一个公司上面都是不聪明的做法。在我看来，投资这些公司不过是像买彩票一样。

总之，金钱既可以助人掌控生活，也可以制造混乱。我自己的工作经历让我深知，掌控金钱的方法其实难以捉摸，我们只能尽人事，听天命。在我讨论的内容中，有很多地方都可能会出错，也不存在什么蒙特卡罗模拟法（又称随机抽样），能在一开始就捕捉到错误，因为很多不利因素是个人因素，而不是简单的统计学因素。因此，要形成有资金支持的满足感，并不是说要在某个年龄拥有多少钱，让自己拥有的资产的价值达到某个具体数字，而是要做到保证自己对那些对于自己真正重要的东西保持持续的追求。

第四章

乔舒亚·布朗：

适合自己才好

乔舒亚·布朗，绰号"城里人"，是里萨茨财富管理公司（Ritholtz Wealth Management，简称RWM）的联合创始人兼首席执行官，该公司为众多个人投资者、公司退休计划、捐赠基金和基金会管理着超过13亿美元的资金。他还是《华尔街幕后：内部人士带你了解谁应信任，谁应回避，以及如何最大化投资收益》（*Backstage Wall Street: An Insider's Guide to Knowing Who to Trust, Who to Run From, and How to Maximize Your Investments*）和《金融权威的大碰撞冲突：媒体对投资决策的影响是好是坏》（*Clash of the Financial Pundits: How the Influences Your Investment Decisions for Better or Worse*）两本书的作者，也是广受欢迎的"新生经纪人"博客的创始人。

多年间，乔舒亚每周都在美国消费者新闻与商业频道（CNBC）担任直播主持人，并在该行业的社交媒体上积累了大量的粉丝。他与妻子和两个孩子住在纽约长岛。

第四章
乔舒亚·布朗：适合自己才好

我如何用自己的个人资金投资？

我既投资主动型基金也投资被动型基金，既投资共同基金、个人证券也投资交易型开放式指数基金，既投资公共资产也投资私有资产。简单地说，我的投资行为就是个混合体。

唯一不变的是，我的几乎每项投资都是长期的。我从不做当日交易或波动交易，因为我不擅长这些。我感觉做这类投资必须全天候投入才行，不想使用一种需要全天候关注的投资模式，因为我正在建设和运营一家公司，没有这个精力。我必须优先考虑我的公司、客户和员工。

如果我做了某项投资，通常就会一直做下去。首先，我的大部分净资产都在我的房子上，没有抵押贷款。过去几年里，我们一直在花钱对房子进行改建——并不是为了让房子增值，而是因为我们打算把这个房子作为永久居所。所以，这更像是一种精神上而非财务上的投资。我爱我的房子，它是我的家，我不打算把它卖掉。为了让自己过得舒心、快乐，我们对房子进行了重新改造和装修。如果我今天卖掉房子，可能会大赚一笔，因为人们都在逃离纽约市，我这里的房子会因此变得很值钱。人们给房产经纪人打打电话就会决定购买几百万美元的房子。不过，如果我卖掉了现在的房子，就不得不以更高的价格再买一栋房子住，但这是何苦呢？

我的另一项大投资是在RWM持有30%左右的股份。去年公司进行了股权稀释，以促进第一批股权合伙人入股。我们的目标是让员工拥有公司（的股权），这样才能让大家只做有利于我们的客户、员工兼合作伙伴的决定。这家公司完全是从零开始打造的——没有私人股本、债务和外部投资者。让员工拥有公司对我们来说，无论从战略上还是情感上都非常重要。

我的401（k）账户的投资配比与我的公司为客户制订的资产配置模型完全相同。我持有的基金的种类和比例与我为和自己的风险承受能力相当的客户制订的计划也完全相同。我的资金投入属于全股权模式，因为我相对来说比较年轻，能够承担风险，至少在从我写这篇文章时算起，未来25年内还不需要动用这些资金。

RWM的其他员工的资产配置模型也和我们为客户制订的一样。这是我们在公司成立早期就做出的重要决定。我们用我们自己的个人退休账户实践我们的投资理念。我按照为客户制订的投资策略经营我自己的401（k）账户，我持有公司的股权——这些

第四章
乔舒亚·布朗：适合自己才好

都是我自己的"真金白银"。我把一生的赌注都押在了我们制订的投资策略和我们的生意上。

我的简化员工养老金个人退休账户（SEP IRA）有资金，我也有以前的聘用者给我的养老金。这些资金可以延期纳税，我用它们购买个股以及我的朋友们多年来推出的一些交易型开放式指数基金——这些基金并没有纳入客户的投资策略，我只是认为朋友们推出东西的时候，我应该支持他们。我并不介意让朋友们管理我的一部分资金，也从来不用标准普尔500指数来评判他们的业绩，因为我不关心对他们的基金投资的收益。我在先锋指数基金和安硕指数基金（iShares）上的投资已经足够多了，它们能为我带来收益。

《华尔街日报》曾经报道过指数基金专家约翰·博格（John Bogle）的个人投资方式。博格的儿子曾管理过对冲基金，他还管理过主动型小盘基金，这些基金的收费远高于先锋指数基金。约翰·博格作为被动型投资的专家，也投资了他儿子的主动型基金。

我很欣赏他关于这些投资的解释：

作为一个坚持低收费的人，约翰·博格的确经常拿他儿子的事业成功开玩笑。

"我经常拿他开玩笑。"约翰·博格说。他儿子的公司管理着约11亿美元的资金,其小盘股共同基金的年费率为1.35%,远高于追踪类似股票的先锋指数基金的年费率(0.24%)。不过,对于提供类似服务的主动型基金经理来说,这个年费的确属于平均水平。

对此,小约翰·博格(John Bogle Jr.)有个解释:他是在为客户和他自己赚钱。

据晨星公司统计,2020年小约翰·博格的基金总回报率为40%。相比之下,罗素2000指数基金和类似的先锋指数基金的总回报率分别为35%和34%。就连他的父亲也从中受益,因为他的父亲也投资了他的小盘股基金。

约翰·博格说:"我们的出发点非常不同,但终点却非常接近。我儿子现在做得很不错……不过,这么做会永远管用吗?我不知道。但我不会站出来赌他输。"

事实上,约翰·博格在他儿子的共同基金中的投资是他为数不多的非指数基金投资之一。"我们做一些事情是出于家庭原因,"他说,"如果这件事不顺,那么我可以说,生活并不总是一帆风顺的。"

这话说得没错,生活并不总是一帆风顺的。

第四章
乔舒亚·布朗：适合自己才好

我还拥有20多只个股。购买这些个股的原因，大多数要么是我崇拜某家公司，要么就是我是某家公司的产品和服务的购买者。这些个股包括摩根大通、企业办公沟通软件供应商聊工作公司（Slack）、星巴克、知名汉堡公司奶昔小站（Shake Shack）、苹果、亚马逊、谷歌、威瑞森通信公司（Verizon）、优步等的个股。我只买入这些股票，但不卖出。只要有机会，我就会增加股份。我会自动将股息用于再投资。当我支付威瑞森通信公司的无线网费账单或者光纤带宽账单时，总是感到心情愉悦，因为我知道这是在为我自己做贡献。这是我发明的一种心理技巧，用来防止自己在市场环境低迷的时候放弃它们——我投资的股票。

个人退休账户的另一个优势是，它让我不用为房地产投资信托基金（REIT）的收入交税（REIT通常会合并到我的日常收入当中）。因此，我一直在利用股息再投资，不断持仓我最喜欢的3家公司的股票，这3家公司是股票资本（STORE Capital，房地产咨询公司、家之约（Invitation Homes Inc，房屋租赁公司）和安博（Prologis）。股价下跌时我会支持它们，这样当我得到股息时，我就能以更低的价格买更多的股票。我的一个朋友是长岛的一个大房地产开发商，他劝我不要自己购买或在私人市场上购买房地产。他的解释是，对我来说，我的投资和真正的"房地产玩家"相比要少得多,把这种投资当作一种爱好未免又辛苦又徒劳。他的论点对我很有说服力,所以我转向了投资房地产投资信托基金,而不是在商业房地产市场上被专业人士和开发商耍得团团转。

我并不是因为喜欢冒险和高回报才买个股的,我就是喜欢股票,并且从20多岁起就一直喜欢。我的钱,想怎么花就怎么花。再说,生活并不总是一帆风顺的,我为何不按自己的喜好投资?

我在纽约州为孩子们设立了529大学储蓄计划账户,投资的也是先锋指数基金。孩子们出生时,他们的祖父母向账户里放入了大部分资金,我们则每年向里面不断增添资金。我大概每3年会看到一份账户报表。

最后,我们把剩下的应纳税的资金投入了一个Liftoff账户(理财账户),这是为孩子们长大后做准备。Liftoff是RWM与贝塔门特金融咨询公司(Betterment,智能投资公司)合作建立的自动化资产管理平台,它没有最低准入要求,我们用它帮助正在积累财富的年轻投资者们。

我必须权衡,一方面是为孩子长大后的需要而存钱,另一方面是为他们现在的需要(比如家庭度假)而支出。我们不可能什么都做,所以,是今天获得的体验更有价值,还是明天拥有的资产更有价值,与这相关的讨论一直在继续。几年前,我和我妻子

第四章
乔舒亚·布朗：适合自己才好

请RWM联合创始人兼我的合伙人克里斯·文恩（Kris Venne）来为我们做了一个财务计划，这对我们做这些权衡的帮助很大。所以，我不光和我的客户一起投资，我还和我的客户一样需要得到理财建议服务。

除了这些传统投资项目，我还投资了几家创业公司，我对它们很有信心。我持有维斯韦尔公司（Vestwell，数字退休平台）、数字资产数据公司（Digital Assets Data，加密数据公司）和瑞司卡利泽公司（Riskalyze，投资咨询公司）的股票，并在这3家公司的顾问委员会任职。我们都很喜欢它们的软件，而且在实际业务中也使用它们的软件。能够与阿伦·舒姆（Aaron Schumm）、迈克·阿尔弗雷德（Mike Alfred）、阿伦·克莱因（Aaron Klein）这样的公司创始人以及他们创造的一切合作，让我深感自豪。我还拥有社交投资公司股推（StockTwits）的少量股份，这个公司的平台让我能随时了解那些活跃的交易者们在想什么。

经常有人向我提供金融科技创业公司的股份，希望我能利用自己的名气帮助这些公司创出名堂。我的答复常常是"不，谢谢"。我更喜欢与我实际使用其产品或服务的公司打交道。因为世上没有免费的午餐，金融科技创业公司的股份也不例外。他们可能并不想要我的钱，但他们肯定想要我的时间、影响力或是其他我不会放弃的东西。

今年,我开始利用股权禅心(EquityZen,在线投资公司)随意投资一些即将上市的创业公司。EquityZen每年都会成立一只新基金,用来购买该公司认为前景光明的、有风险投资支持的私人创业公司的股票。最近加入该基金的2家公司分别是视频游戏公司Unity Technologies和杂货配送公司快运(Instacart)。我很难弄清楚哪些创业公司会成为未来的科技巨头,哪些会失败,因此,EquityZen的一揽子投资方法对我而言就很有意义。我没有时间、精力、足够的专业知识或资金来直接进行这类投资。

多年来,我得到了一个重要的人生教训:永远不要和别人争论自己的投资组合是不是有价值。总会有人对别人的投资方式、投资内容提出批评,但这些争论通常源于不安全感和怀疑。如果你对自己做的事充满信心,那么你最不该担心的就是别人的看法如何。当人们不同意你对某只股票或行业押注时,有一个非常简单的方法来化解这种冲突——交给时间来解决。如果你认为自己这么聪明,而我这么笨,那你只要打赌我会输,你就会大赚一笔。不然,你就赔个精光。那我们就走着瞧。你去操心自己的投资组合就好,我也只管好我自己的事。

你永远不会看到我与投资者公开争论他们持有的股份,因为我根本不在乎别人怎么想,我认为你要用最快的速度让自己到达

第四章
乔舒亚·布朗：适合自己才好

这个境界。在我看来，在线股票信息留言板没什么有价值的信息。人们在网上讨论时，关于投资风格的分歧很有可能会逐渐演变成人身攻击，这种事能避免就避免。有些人使用这些在线论坛就是为了砸场子，让自己感觉更好。没有人强迫你表态参与这些在线讨论。在投资行业，我认识成千上万的专业人士，他们几乎没有一个人这样做。

我的资产配置和外部押注只对我个人有意义，正如你的投资组合大多数只对你本人有意义一样。并不存在人人适用的投资组合，因为我们都有不同的时间跨度、风险因素、需求和情绪诱因。我找到了适合我的方法，这是过去20多年大量尝试、出错、改正之后的结果。

一个有经验的投资顾问并不仅仅只懂得投资，还要足够了解他们的客户，知道每一个人使用什么样的投资组合最有效。我既是别人的顾问，也是自己的顾问，在这样做的过程中，我学会了区分什么样的投资组合对别人有用，什么样的投资组合对我有用。

第五章

罗伯特·P. 西莱特：
投资是为了实现目标，更是因为爱

罗伯特·P.西莱特（Robert P. Seawright）是麦迪逊大道证券有限责任公司（Madison Avenue Securities，LLC，一家位于加利福尼亚州圣迭戈的小规模投资咨询和证券经纪公司）的首席投资官。他们一家住在圣迭戈。他的妻子金妮（Ginny）是一名五年级教师。他们有3个孩子，均已成年，还有8个孙子女。西莱特拥有纽约州立大学（State University of New York）和杜克大学的双学位。

第五章

罗伯特·P. 西莱特：投资是为了实现目标，更是因为爱

在1月的一个寒冷的日子里，米米（Mimi）躺在位于新泽西州北部的一家毫无生气的医院的三楼的病床上，正在和死神争夺自己的89岁生日。不管怎样，输赢其实并不重要，在这场抗争中，米米迟早是输的一方。

波普（Pop）去世后，她独自生活了20年。在这20年的大部分时间中，她都饱受健康恶化和失明之苦。现在，她准备好离开了。

米米的家人在她身边守夜。她的病房里挤满了人，有她的4个孩子、10个孙子女、8个曾孙子女，其中包括我的妻子金妮、孩子和孙子女，这些都是米米的生活和传承的见证。

大家唱歌、讲述各种老故事和笑话，再次分享着回忆。众人默默地送上了生日祝福。尽管米米无法完全看见（也正因为她还能看见一点儿），大家还是经常扭过头，藏起布满泪痕的脸。

是时候离开了。

我看着米米的孙辈们，看着他们为亲人守夜，聆听他们的交

谈。我和他们一起哀伤，也为他们感到哀伤。在所有人的回忆中最一致的就是，大家为能够在纽约州阿迪朗达克山脉处米米的小木屋度过夏天而由衷地感恩。

金妮第一次去阿迪朗达克山脉的时候，还在米米的肚子里。从那以后，她每年夏天都会回到那个地方。

1980年，当米米和波普买下那间小木屋时，她坚持认为，选这里是因为家人都爱这个地方，愿意待在这里，这个地方能为他们的孩子以及后来的孙辈们提供一个家庭聚会的场所。于是，这里成了家族的休养地。

我和金妮的孩子每年夏天至少会在小木屋住上一阵，有时候甚至住一整个夏天。他们在那里远足、游泳、玩绳球、划独木舟、滑水。我们的孩子们十几岁的时候，在那里打暑期工；女儿还在那里结识了她的丈夫。

也许最重要的部分是家人在小木屋里度过的时光。他们在小木屋里交谈、传授价值观（不是灌输，孩子们不知不觉地就听进去了，这是最好的教育方式）、吸取经验教训、修复关系、保存回忆。在那间小木屋里，我们彼此投入时间和精力，且回报丰厚。

小木屋成了家庭明确的支点。它的周边地区过去是，现在仍然是孩子们在这个世上最喜爱的地方，他们把这种爱传给了自己

第五章
罗伯特·P. 西莱特：投资是为了实现目标，更是因为爱

的孩子。当然，米米的遗产比这间小木屋更宽广、更深厚，但它都与这间小木屋密不可分。

购买这间小木屋是一项伟大的投资。这间小木屋有着米米让家人凝聚在一起的一种机制。小木屋完全符合她投资的目的。

在金融界，我们花了大量的时间考虑我们（以及我们的客户）应该如何投资。然而，我们应该多花些时间认真思考和提醒自己：为什么要投资？显然，我们为了未来而储蓄和投资，但我们心中希望的未来取决于我们"为什么"投资，取决于我们决定选择如何生活，并为此设立什么目标。

我猜，本书中的不同文章的作者们可能提供了类似的投资和财务规划策略，包括（顺序不分先后）：简单操作，积极储蓄，均衡的生活方式，多样化的投资，低成本，符合个人目标、风险容量和风险承受能力的合理资产配置，智能资产配置，审慎的税务（或遗产）规划及管理，特别关注复利的力量。我也这么做，

这些都很重要①，但这么做背后的原因更重要。

生活的目标是建立财务计划的基础。一份好的财务计划旨在为一个人的生活提供必要的资金支持——这就是制订财务计划的目的。

我认为相比于天赋，人们通常更缺乏勇气，不过最缺乏的则是毅力。因此，坚持既定的财务计划往往比制订和实施一个好财务计划更困难。反复考虑和阐明我们的目的可以帮助我们做到这

---

① 下面是我和金妮在家庭投资方面的一些细节。因为金妮是一名教师，她有403（b）公立教育机构退休储蓄账户以及丰厚的退休金。我有一个401（k）个人退休账户。我们还有一个共同投资账户。我们主要投资低成本、全球多元化的基金，并尽可能地使用罗斯投资工具（这么做部分原因是我们认为以后税收金额会更高，不过主要是因为我们喜欢免税的想法）。我们不持有个股，也不持有金融衍生品。我们总是自动地保持平衡。我们经常增持海外股票，因为海外股票价值更好，但我们也知道这种押注可能不会带来回报。因为我们总是尽量简单生活，也因为金妮有养老金，并且我的社保支付能够承担我们退休后的预期生活费用，所以，我们对债券的投资比我们这个年龄段的人要少得多。如果没有这些退休收入来源，我们会使用年金保险来保证收入。因为我们做的都是长线投资，我一年只看两次报表，这么做也便于控制随意改变投资计划的冲动。如果我有交易的冲动，我就会看一些大机构不关心、规模较小、被市场看好的证券，比如持有我喜欢的资产净值大幅折让的封闭式基金，或者零散的市政债券。我们还持有珀斯·托尔（Perth Tolle）、杰克·沃格尔（Jack Vogel）、建筑公司阿尔法建筑师（ALPHA Architects）的韦斯·格雷（Wes Gray）以及智慧树公司（WisdomTree，投资公司）的杰里米·施瓦茨（Jeremy Schwartz）等人设立的有价证券，部分原因是我相信这些产品的投资理念，另外也因为他们是我的朋友。

第五章
罗伯特·P. 西莱特：投资是为了实现目标，更是因为爱

一点。想象自己到了生命的尽头，就像躺在病床上的米米那样，回想生命中的欢乐、挣扎和各种决定，会促使我们做出更好、更有价值的选择。

我们的决策系统倾向于接受即时的、有形的回报，这就意味着我们倾向于减少或者忽略投资带来的长期的、无形的收益。当生活出现变故时，我们很容易忘记自己的目标。

每个人都会遭遇困境和麻烦。有些困境和麻烦是随机的，是我们无法控制的，还有些困境和麻烦则是由错误的选择和计划造成的。主动行动，做好规划，这样我们就可以获得更好的机会和结果。

人们常说，他们想要的生活和他们现在的生活之间总是存在差距，而这个差距往往是他们自己造成的。如果你的婚姻、家庭生活或人际关系基本上都不是你希望的那样，往往是因为你弄错了事情的优先顺序。你没能把自己的目标排好先后顺序。

专注于自己的目标，这意味着没有放之四海而皆准的财务或生活计划。金妮的大学生涯非常愉快，而我父母供不起我上大学。这样的事也让我们懂得，作为父母，计划的选择有多重要。当孩子到了该上大学的年龄时，尽管我和金妮的理由不同，但我们都认为为孩子们提供教育是我们的头等大事。供孩子上大学要花很多钱，许多优秀的理财规划师说，把这些钱花在退休计划上

会更好。然而，对我们来说，为孩子们支付大学教育的费用，让他们不必背着债务毕业更重要①。因为我们认真考虑过自己这么做的目的，我们心甘情愿地接受了各种可能的风险，例如不得不工作更长时间，退休后只能靠较少的钱勉强度日等。

米米过完89岁生日后又过了两天，还是去世了。她曾经渴望爱和被爱，到生命的最后时刻只渴望被爱和被记住。那些她留在我们心中的深情的回忆是她最好的遗产。米米的小木屋仍然在，仍然属于这个家庭。因为它不够大了，金妮和我在那个秋天买了我们自己的木屋，离那里非常近。

我们如今住在加利福尼亚州南部，在那里买了房子，在写这篇文章时，我们已经在那里住了25年。我们在房地产上的投资已经超支了，新木屋又进一步增加了投资。房产税非常高。我们的新木屋需要大量的维护，因为它很旧，冬天住会很冷，只能夏天居住。实际上，它根本无法被改造成适宜全年居住的地方。买这间新木屋还会迫使我们要以当地居民的身份向该州缴纳所得税，但这却无法抵消向我们实际居住的州支付的税款，因为按照纽约

---

① 许多千禧一代（指大约在1982—2000年出生的人）的年轻人既要偿还过去的债务，又要努力为未来筹钱。教育支出，主要是助学贷款，已经成为破坏美国人金融健康的主要因素之一。令人震惊的是，在美国，16%的千禧一代有高达5万美元甚至更多的债务。

第五章
罗伯特·P.西莱特：投资是为了实现目标，更是因为爱

州的法律，无论我们在新木屋居住的时间有多短，它都会被视为我们的"永久住所"。

这么看，购买这间新木屋真是一项糟糕的投资。

今年夏天，金妮将和我们的孙子女们在新木屋里住6个星期。孩子们的父母和我也会经常去那里。他们会在湖里、沙滩上玩耍，从码头和木筏上跳下水。他们会划独木舟、滑水、野餐、采摘蓝莓、吃棉花糖。我们还会搭一个绳球杆。优雅、爱和乐趣无处不在。他们将度过一生中最美好的时光……每年夏天都是如此。

购买这间木屋将是我们做过的最重要的投资。

我在17岁即将高中毕业时，第一次去阿迪朗达克山脉，在那里遇见了我一生的挚爱。与此同时，哈里·查宾（Harry Chapin，美国民谣歌手）用他那为人熟知、令人难忘的叙事曲《摇篮里的猫》（Cat's in the Cradle）荣登歌坛榜首。查宾在歌词中回忆道，过去，他的儿子想要他的陪伴和关注，却没有得到，如今，他想要和儿子在一起，却得不到这样的机会了。

我挂了电话，突然发觉

他长大了，成长得像我一样

我的孩子跟我一模一样

摇篮里的猫，银色的汤匙

忧郁的小男孩，月亮上的男人

孩子，你什么时候回家？

我不知道是什么时候

不过我们会团聚的，爸爸

到时候，我们会度过美好的时光

查宾承认，这首歌把他吓坏了。我也一样。这份恐惧是促使我们买下新木屋的部分原因。但这不仅仅是因为爱。

就像银行复利一样，成功也是会连续累积的。好的选择需要时间累积，其结果和收益最终才会呈指数式暴发。我们生活中所有最好的事物都可以为这种"复利"累积提供好处。我们在财务上的投资如此，在家庭和个人上的投资也是如此。对人慷慨、乐于助人会形成累积。健康生活和教育也会形成累积。所有这一切中，爱的累积拥有的力量最为强大。

请专注于这些生活目标吧。

我们无法完全掌控自己的命运或对后代的影响，不过，如果我们在财务和其他方面都进行了健康、良好的投资，那我们的财富传承可能会非常深远。米米就是个最好的例子。她和波普知道什么对他们最重要，于是他们就专心投资，来实现他们确定的目标。金妮和我也想这么做。

投资需要基准，我们的生活也需要基准。无论我们嘴上说什么，我们都是通过投入我们的时间、才华和财富来向他人展示我们的爱。我们的这些爱就是我们投资的原因，我们的这些目标就是我们生活的基准。

金妮和我一直试图弄清楚我们想如何去爱、去生活，一直试图弄清楚我们想以何种方式被人们记住。我们想过一种有目的的生活。我希望你也一样。

第六章

卡罗琳·麦克拉纳汉：
　学会投资自己

卡罗琳·麦克拉纳汉（Carolyn McClanahan）是一名国际金融理财师（Certified Financial Planner，简称CFP）兼医生（医学博士）。她是人生规划伴侣公司（Life Planning Partners，金融健康公司）的创始人，这是一家综合性的收费金融规划公司。

除了进行财务规划服务，麦克拉纳汉还为财务规划师和医疗保健专业人员提供教育服务，让他们了解关于财务和健康问题之间的相互作用，她特别重视关于可保性、老龄化问题、临终问题、医疗成本和医疗改革等内容的教育。她还为众多涉及金钱和医学交叉领域的出版物撰稿。

麦克拉纳汉是全国个人财务顾问协会（National Association of Personal Financial Advisors，简称NAPFA）、财务规划协会（Financial Planning Association）和美国家庭医生学会（American Academy of Family Physicians）的成员。她入选了《投资新闻》（InvestmentNews）杂志的"值得关注的女性"和"创新者"榜单。她的文章经常被多份出版物引用，也经常出现在美国全国广播公司财经频道、《安德森·库珀360°》（Anderson Cooper 360°）新闻节目和美国国家公共电台（NPR）的节目上。

第六章

卡罗琳·麦克拉纳汉:学会投资自己

我直到快30岁的时候,才弄清了投资和储蓄的概念。我们家没有足够的钱可以用于投资。谢天谢地,我学会了投资自己。

我的父母都是优秀的蓝领工人,尽管他们没有受过高中教育。我父亲的财务安全保障是他从38岁时开始获得的海军养老金,他38岁时我才6岁。退役后,作为面包师,他自己开了一家甜甜圈店,在店里几乎全年工作,只休息一天。

我们从没有挨过饿,我也从来不觉得家里很穷。关于钱这个问题,我们只谈过预算这件事——花的绝不能比赚的多。我父母明确表示,我和我的姐妹们在年满18岁时必须自谋生计——不管是结婚、参军还是上大学,全都靠自己。

我父母送给了我一份礼物:让我从小就会赚钱。我爸爸让我在他的甜甜圈店里工作,付给我工资。7岁的我就能站在凳子上招待顾客。我学会了心算,顾客们惊讶地发现我能很快地算出他们买甜甜圈要付多少钱。他们给了我很多小费,还叫我"真人计算器"。这些我赚的钱,我一分都没存下来,都花在了实现我父母负担不起的年轻人的轻浮追求上。

在我的成长时期，我的家人送给我的另一份礼物是让我会享受阅读的乐趣。正因为如此，我在学校成绩很好，我的老师告诉我，我很聪明，可以上大学。幸运的是，我获得了密西西比女子大学（Mississippi University for Women）的全额奖学金——上那所大学是我这辈子最明智的决定之一。我的家人会给我零花钱，我也做各种各样的工作来增加收入。当然，我还是没有省下一分钱。

被医学院录取是件大事，我必须想办法负担这笔学费。意外的是，我在医学院的第一年获得了全额奖学金。这是怎么回事？全民健康服务团体计划（National Health Service Corps）为班上最穷的男生和女生提供奖学金，我被选中了。我真不知道我们家有那么穷。

我在20世纪90年代初参加住院医生实习期间，学会了投资。那时每个人都在投资"热门股票"，试图跑赢大盘。我在个人退休账户上做了小额投资，加入了选股大军。我读彼得·林奇（Peter Lynch，卓越的股票投资家和证券投资基金经理）的文章、《价值线》（*Value Line*）杂志，以及其他任何我能抽出时间读的和投资相关的书。

1996年，我遇到了我现在的丈夫。他是一名工程师，是家中

第六章
卡罗琳·麦克拉纳汉：学会投资自己

的独生子，父母刚去世，继承了一笔遗产。这笔遗产虽然不足以让一个35岁的工程师提前过上财务自由的生活，却可以为他在人生选择方面提供一定的灵活性。我帮他用这笔钱进行投资，投资回报很不错。但我那时懂得很少，只是幸运而已。

到1999年，我以为自己什么都知道了。除了做急救医生，我还做日间股票交易，但并没有持续很长时间。与照顾心脏病发作和即将死亡的人相比，日间股票交易给我带来的压力要大得多。我损失了不少钱，不过谢天谢地，这些损失还不至于让我丈夫的钱陷入危险。我们还了抵押贷款，这样做让我们有了一个很好的安全保障，减少了现金流出。

2000年，我和我丈夫试图找一位理财规划师。我们想确保我丈夫有足够的钱，不用再干工程师的工作了，因为他想成为一名田径教练和摄影师。我很喜欢行医，但不想拿自己辛苦赚来的钱供养他。我们的目标是找个人来告诉我们，我丈夫转行的这种想法是否可能实现。

结果，和我们洽谈的所有理财顾问都只对投资感兴趣，总想销售高价产品。他们并没有在做真正的财务规划。就在那个时候，我纯粹出于兴趣，回到学校学习财务规划，结果却爱上了它。这真是个意外收获对不对？我明白了财务自由最重要的决定因素不是你存了多少钱，而是你花了多少钱。

2002年，我将自己的行医工作转为兼职，以便学习更多有关财务规划的知识，并将其作为一项职业来探索。我丈夫和我也减少了所有不必要的开支，我们轻松地靠我的兼职收入生活，同时也保住了他从父母那里继承的遗产。终于，我在2004年开始从事财务规划工作。2005年，我放弃了行医，转入理财行业。

刚进入理财行业的那几年，我做得很辛苦。我想成为一名优秀的理财规划师，于是继续深造。我们继续过着舒适而节俭的生活，直到今天，我们把钱都花在了我们在生活中珍视的东西上，即体验、慈善和便利。我们没有太多的消费支出，所以我们没有奢侈品和房地产的维护成本。

我热爱我的工作，我们存钱主要是为了应对我不能工作的那一天。我们最大化了我们两人的退休计划账户中的资金和储蓄，就好像当我停止工作的时候，我的生意一分钱都赚不到似的。因为我们没有孩子，所以我们死后余下的所有财产都将捐给慈善机构。

那么，我们具体怎么投资呢？在我的日间股票交易遇到挫折后，我转变了思路，改为分散化和长线投资。那个时候，我仍然认为要是人足够聪明，就能跑赢市场，所以我投资主动型交易基金，而且看上了能够在低迷时期提供保护的"熊市基金"。但从2004年到2007年，我尝试过其他投资项目，认为不值得冒这个

第六章
卡罗琳·麦克拉纳汉：学会投资自己

险。一些主动型基金所属的公司的尽职调查、缺乏透明度和质量参差不齐的记录令人不快。我还不如把时间花在做重大财务规划上。在那段时间里，我也深入研究了被动型和主动型投资的争论，并逐渐让自己和我的客户的投资转向更被动型的基金上——主动型和被动型基金大约各占一半，不过我并不认为，这二者哪一个就一定比另一个更好。

2009年我进入了被动型投资的阵营，因为所有那些有名的"熊市基金"都比其他基金跌得更惨！与此同时，我的业务规模大到足以聘用我的第一个专业员工来做我不那么喜欢的事情，即管理投资。他是蒂姆·尤特克（Tim Utech），是一名特许金融分析师，在转到个人理财行业中之前，他管理过大型主动型共同基金。他来为我工作的唯一要求就是，我必须完全进入被动型投资的阵营，我照做了。

对选个人债券还是债券基金，我有时候会持观望态度。我们的客户都是高净值人士，我们主要使用个人债券来填补他们投资组合中的固定收益类的空缺。这么做是因为我喜欢对现金流和资本保值做到心里有数。我们持有这些债券可以直至到期，而不必担心利率的波动。蒂姆在向客户解释债券如何运作这方面做得很好，他们对这种方法很满意。是的，这需要投入更多的工作，但我们有很多优秀的债券经销商，蒂姆总能确保我们得到好的价格。

如今，蒂姆正根据我们的投资政策来管理我和我丈夫的资产。50%是固定收益类产品，50%是股票，我们和我的客户投资的都是同样的基金。我会定期查看余额。我们只是把钱存起来，每年记录我们的消费情况。我们都知道，到我不能再工作的那一天，我们已经为之后的日子做好了充足的准备。

我给每个人最大的忠告就是我父母教给我的：要学会投资自己。在我看来，你的工作能力是你最安全、回报最高的资产。通过终身学习、保持好自己的身心健康和人际关系，你更有可能过上安全、满意、无悔的生活。难道不是这样吗？

第七章

蒂龙·罗斯：
失败带给人的回报最大

蒂龙·罗斯（Tyrone Ross）是一名财务顾问，他是投资咨询公司40艾斯提克（40istc）的创始人，也是利他主义者社区（Community at Altruist）的负责人，他在社区里主持一档名为《人类顾问》（*Human Advisor*）的播客节目。他毕业于西东大学（Seton Hall University），也是2004年奥运会田径资格赛400米选手。他入选《投资新闻》杂志2019年度的"40位40岁以下有影响力的年轻人"榜单，财富管理网站（wealthmanagement.com）2019年度"将为所在行业带来重大改变的十大顾问"榜单，以及金融规划网站（FinancialPlanning.com）2020年度"将改变财富管理理念的20人"榜单。蒂龙是家中第一位上了高中的人，他对此深以为傲。他的人生使命就是为无声者发声。他积极投身到金融知识扫盲工作中，解决儿童饥饿、无家可归和贫困问题。他目前居住在新泽西州的伍德布里奇（Woodbridge）。

第七章
蒂龙·罗斯：失败带给人的回报最大

我成长于其中的家庭对理财一无所知。当时，家里很穷，入不敷出。有时候，我们没有银行账户，还有时候要用支票兑现时，却发现银行账户存款不足。在我们缺钱的日子里，彩票奖金救了我们好多次。正因为如此，我至今仍然很难说彩票有什么不好的地方。我直到26岁时才知道股票市场的存在。我猜这倒不是因为我没机会接触到股票。在上大学的时候，我有个队友在训练前经常看电视屏幕底部不停滚动的绿色、红色的数字。那时我还常常取笑他（他后来成了迪士尼公司的财务主管），并求他和我一起去追女孩子。

多年以后，我在没有上过任何经济、会计或金融等商业类课程的情况下走进了华尔街。在回答了一个十分可笑的问题后，我得到了一份工作。至于怎么回答的，我不记得了，只记得那个问题是："当缓刑官的经历对你在华尔街的表现有什么帮助？"不妨想象一下，如果你是一个26岁、没有任何财务知识的人，坐在资本市场运作的中心，不得不回答这个问题时，心里是什么滋味。从那时起到现在的十多年里，我学会了关于金钱、储蓄和投资的几乎一切。在这个过程中，我犯过所有可以想象到的财务错误，但我有幸在一个能够暴露我的无知、加速我知识积累的行业工作。

我拿不出什么"我的第一只股票"这种经典故事，但我记得我在华尔街开始第一份工作后不久，就知道了401（k）计划是什么。后来我取光了这个账户中的钱，把这些钱浪费在了生活开支上——那时，这只是我的一系列愚蠢的财务行动中的一个，来自我这种背景的人恐怕都会这么做。我买了一大堆华丽的珠宝、一辆好车，却毁了我的信用，把挣来的钱都花光了。我虽然在金融行业工作，却没有意识到我必须开始为我和我的家人筹划达到财务自由这种事。我至今仍记得，其中的讽刺意味。身在华尔街，却没想到要买自己卖的东西，这种经历恐怕不是人人都有的。

最终，我去了一家股票经纪"拆车场"[①]。在那里，我不得不整天打电话推销股票，也因此对股票有了更多的了解。当时我并不知道自己的下一份工作是在美林证券（Merrill Lynch）做培训顾问，也不知道这份工作最终会用到我了解的这些股票知识。

[①] 拆车场（Chop Shop）一般指将偷来的汽车零件用在汽车维修生意上的地方。此处指一类股票经纪公司，这类股票经纪公司将大宗股票分割成小块股票出售，赚取差价。——译者注

第七章
蒂龙·罗斯：失败带给人的回报最大

也正是在美林，我终于明白了作为一名投资者意味着什么。我开始管理自己的401（k）账户，开始用账户的资金投资美国银行（Bank of America）的股票，并卖给了自己一份VUL保险（一种证券投资型保险）（因为我要完成业绩目标）。"财务计划"成为我经常使用的词汇，我开始与富有的家庭打交道，体验他们如何创造、增长、转移和保护他们的财富。

我在2015年学习了和比特币相关的知识，并在2016年与创业公司的创始人合作，之后在2017年离开了美林，开始单干。这一转变非常重要，因为现在我的大部分投资都与私营公司的股权挂钩。我确实持有一些股票，并把其带来的收益存进退休账户，我近期还开了医疗储蓄账户。最近，在不断认识并学习和所有权创造财富的力量相关的知识之后，我还成了一名企业主。

如果你看完我以上的介绍还没有了解我的话，我不妨直说：是的，到写这篇文章时，我仍然单身。我在试图弥补自己对投资一无所知时失去的时间，而且我有能力承担不寻常的风险。

在我看来，过去的十多年里，在我成长为一名投资者的过程中，我学到的最重要的一课是传承的重要性。如果你出身卑微，又有幸获得了金融知识，那么将其传承下去就非常重要。我用自己的经历、成长路径和掌握的资源来帮助他人，我将"先扫盲再传承"视为我的人生使命,并为其事业提供设计蓝图。正因如此,迄今为止我最好的"投资"就是在佐治亚理工学院(Georgia Institute of Technology)设立小蒂龙·罗斯运动天赋基金(Tyrone Ross Jr. Athletic Endowment Fund)。18岁那年(在成为我们家第一个高中毕业生之后不久),我在校外的一家银行开了第一个银行账户。

我想可以用这句话来总结自己的投资历史:失败带给人的回报最大。

第八章

达萨特·扬威：

自律并以人为本地投资

达萨特·扬威（Dasarte Yarnway）是伯克内尔金融集团（Berknell Financial Group）的创始人兼总经理，这是一家创新的独立财富管理公司，专注于帮助千禧一代和经验丰富的投资者，为他们量身定制合适的财务计划。

达萨特被个人财务管理公司Nerd Wallet和《理财规划》（Financial Planning）杂志评为"金融思想领袖和大师"。他通过各种途径向公众提供理财建议和个人见解。他创立了一个名为《青年理财播客》（The Young Money）的每周播客节目，还出版了3本理财书：《和财富相约：畅谈如何改善你和金钱的关系》（Dating Benji: Straight Talk on Improving Your Relationship with Money）、《青年致富：在力所能及之时用4项有效行动设计你的财富》（Young Money: 4 Proven Actions to Design Your Wealth while You Still Can）和《请付给我股权：千禧一代的股权薪酬指南》（Pay Me In Equity: A Millennial Guide to Understanding Equity Compensation）。

第八章
达萨特·扬威：自律并以人为本地投资

金钱，以及我们的投资方式，只是我们自身的某种延伸。藏在金钱背后的真相就是，它其实是我们的本质的外在表现。我们是谁、我们最看重什么，关于这些本质，大部分可以通过我们投资的方式来判断。

我的父母在一场致命的内战前逃离祖国利比里亚，来到美国，我成了家里的第一代利比里亚裔美国人。我们在美国没有多少钱，但我们有爱、经验和坚定的信念，这些是我们拥有的全部，也是我们需要的全部。我们心怀感激、深谋远虑，尽管生活并不宽裕，我们还是尽力对街坊四邻给予帮助。我多次经历毁灭性的损失，这些事让我养成了珍惜时间的习惯，因为现实让我认识到，时间这种宝贵的资源实在有限。

这样的心态特征交织在我的投资生涯中，体现在方方面面。我现在很年轻，和大多数人一样，在人生的这个积累阶段，时间是我最有价值的资产。关于财富这件事我知道的就是，我用自己的时间投资的方式的好坏，将最终体现在我拥有的财富的多少上——我说的财富包括但不限于金钱本身。我的价值取向和时间投入这二者的交集,会为我如何投资这个问题提供行动指南。具体来说就是:如果我看重某件事、某个人或某个地方,我就会在这上面投资。如果我花了大量的时间在某件事、某个人或某个地方,我也会考虑在这上面投资。作为奖励或收获,如果有什么东西能把时间买回来,我肯定会把钱投在它上面,因为这样一来,我就可以把买回来的时间再投资在我更看重的东西上。我认为这就是我个人投资策略的重要部分。

现在说金钱。我的大部分资产都与我的公司——Berknell绑在一起。在为几家大型金融服务公司工作过后,我于2015年创建了我的这家公司。我白手起家,有的只有一点资金和一个梦想。作为唯一的股权所有者,我投资Berknell有3方面的作用。第一,它让我拥有自己的时间。我爸爸从来没机会看我参加青年或大学橄榄球赛。甚至在他患癌症之前,他仍然同时打好几份工,只为了确保我妈妈、兄弟姐妹和我能得到需要的一切。作为公司所有者,我相信我能有机会再也不用错过生命中的宝贵时刻。拥有时间意味着你能够亲身体验到你无法用货币购买到的体验。我想象我未来的妻子会说我总能腾出时间陪伴她,我未来的女儿会享受与我在一起的时光,我未来的儿子会和我一起理发,畅谈人生、男子气概和责任。这些都是我期待的宝贵时刻,这样的时刻越短

第八章

达萨特·扬威：自律并以人为本地投资

暂，在我看来就越珍贵。

第二，它给了我成为服务型领导者的机会。要判断一个人的性格，不是看他的语言，而是看他的行为。我创立公司就是我的行为。我可以向世人展示承诺意味着什么，教人们如何规划自己的财富，激励人们依靠天赋行走于人生之路上。人们通过自己的行动获得成功，就是对我最大的回报。

第三，我希望创造一份能够传承下去的遗产。当你不在场的时候，人们会怎么说你？当你离开人世的时候，人们会怎么评价你？加利福尼亚州北部的利比里亚社区的居民称我父亲为"教父"，因为他从饱受战争摧残的祖国中救出了超过45名难民。他总是照顾同胞们的孩子，不厌其烦，就像照顾自己的孩子一样。我有许多"兄弟姐妹"，我们并没有血缘关系，但因为一个人（我父亲）做出了决定、投入了自己的时间和金钱，我们的关系牢不可破。通过这家公司，以及所有无私和勇敢的小举动，我将创造出一份不可估量的遗产。

出于这个原因，我会持续投入资金在创建能提供类似影响的业务上。我最近投资了一家公司，叫甘塔房地产公司（Ganta Real Estate Company）。我的这个项目专门为亟待升级改造的社区提供重建服务，为那些因为成本和需求增加而住不起房子的人提供经济适用房。甘塔房地产公司名字中的"甘塔（Ganta）"

是利比里亚东北部的一个城市，我父亲就是在那附近出生的。在那一地区居住的吉奥（Gio）和马诺（Mano）两个部落因拥有装备先进和技艺娴熟的战士而知名——这家公司也有同样的基本原则。用这个项目，我将推动自己和我的伙伴们保护并服务于那些无法依靠自己的力量获得住房的人。

现在谈谈更传统的投资。我有一个简化员工养老金个人退休账户，我用它作为我的税收策略和退休计划的一部分。我个人的投资组合与我客户的投资组合始终是一致的。在动荡的市场中，我相信这么做能够带来一种力量，让大家相信我会和他们的投资共进退，这提供了一种更深层次的信任。我的简化员工养老金个人退休账户大约有25%的资金投资于公司股票——特别是那些与我的价值观一致的公司的股票，或者是那些我经过基本分析后认为能够经受住时间考验的公司的股票。我有一些投资具有投机性，有一些投资很激进，还有很大一部分是投在了经过市场验证、已经产生分红的公司。我很喜欢个股，因为我相信，当且仅当你能承受不可避免的波动时，个股才能获得溢价回报。我的很大一部分投资是在交易所的交易基金上的投资，我把这部分称为我的"核心组合"。我总是系统性地向这些基金组合中追加投资，平均每年做2次平衡。我有一个个人应税账户，还有一个信托基金。自我创业以来，我每年的收入都在增加，我希望在信托

第八章
达萨特·扬威：自律并以人为本地投资

基金中每年的投入都能更多。

因为有在大公司工作的经历，最初我总是认为传统的投资方式才是正道。然而，随着我的投资知识越来越多，客户群体越来越丰富时，我发现事实并非如此。虽然我的大部分钱都花在了我的生意、家庭和我看重的东西上，但我更感到自豪的是对人的投资。每当我看到一个企业家像我一样白手起家，富有创造力，又或者只是在埋头不断奋进时，我总愿意花时间思考该如何支持他。支持的方式有很多，可能是购买他写的书、创作的音乐，或者购买一张他的付费活动的门票。我相信成功会留下印记，如果当初没有这些最初的"投资者"，我甚至怀疑自己的生意能不能走到今天。点滴的资助也许能为对方带来巨大的动力。

总体来说，我的投资理念是强调自律、以人为本，这是我的本质和企业家精神的延伸。我相信，遵循这种理念投资，我不仅会播下能带来丰硕收获的种子，还可以改变世界。如果我们的投资策略只是围着自己转，那我们就错失机会，不能去滋养生活中最重要的一些东西：爱、信仰、欢乐的时光、健康，以及社区的纽带。在我眼里，抛开这些，其他一切都无关痛痒。

我希望投资者们能够拓展思路，在自己的投资策略中创造空间，让自己成为改变世界、推动世界变得更好的人。我们团结互助，就能做到让世界更美好。

第九章

尼娜·奥尼尔:

为现在和将来做好准备

尼娜•奥尼尔（Nina O'Neal）于2004年进入金融服务行业，是业内资深人士。目前，她是阿彻投资管理公司（Archer Investment Management）的合伙人兼投资顾问。尼娜入选《投资新闻》杂志的"40位40岁以下金融专业人士"榜单，并入选在线投资百科Investopedia的"最具影响力的100位金融顾问"榜单。尼娜被誉为金融投资行业话题和趋势的思想引领者和评论员，她经常出席各类研讨会和演讲活动、撰写金融题材文章，并受邀作为金融服务播客的嘉宾。尼娜曾在《投资新闻》、美国全国广播公司财经频道、《美国新闻与世界周刊》（U.S. News & World Report）、《华盛顿邮报》（The Washington Post）、《在华尔街》（On Wall Street）杂志、《投资者商业日报》（Investor's Business Daily）、金融资讯网站The Street等媒体担任评论员。她还和《投资新闻》合作，亲自撰稿并主持《真实的戏法》（The Juggle Is Real）系列视频节目，讲述在职父母们面临的独特挑战。尼娜毕业于北卡罗来纳大学教堂山分校（University of North Carolina at Chapel Hill）。她特别喜欢看自己的2个儿子打棒球，尝试各种新餐馆，旅行和阅读。

第九章
尼娜·奥尼尔：为现在和将来做好准备

我对钱总是又爱又恨。我还记得小时候在北卡罗来纳州时，总是因为有关钱的事倍感压力，尤其是当我的父母在我小学毕业前后离婚时，更是如此。我的家人中大多数人都是小企业主，所以，现金流问题对他们来说并不陌生。从小到大，我的童年就像一架没有终点的过山车，永远在"有"或"没有"之间旋转跌宕。我的家似乎永远无法实现经济上的稳定。

高中时期，为了能有自己的钱，我同时打了好几份工。这么做对我而言意味着自由，意味着有买东西的机会，意味着拥有我想要的生活体验。从十几岁起，我就发誓绝不在经济上依赖任何人。我发誓要努力工作，开创一份伟大的事业，为我自己和我的家人提供一种我梦想的生活方式。

尽管家庭经济状况不稳定，我仍然觉得股市非常吸引人。从小到大，我总是和祖父坐在一起，看当地报纸上有关股票市场的报道。后来有了互联网和网上券商，我甚至基于自己对上市公司的调研，用在线券商平台E*TRADE账户帮助我祖父和我工作过的一家当地公司的老板购买股票。我创建了一个雅虎投资组合模拟账号,兴致盎然地跟踪这些股票,分析我的"投资"表现。股票交易似乎与我每天打交道的真金白银完全是两回事。在一个十几岁的青少年眼里,股票交易似乎只是一个有趣的游戏,我完全不知道的是,仅仅几年后,这种观点就发生了翻天覆地的变化。

大学毕业后,我搬到了纽约。高中时,学校组织我们去纽约实地考察,从那时起,我就梦想能住在那里。"9·11"恐怖袭击事件发生在我上大学的时候,纽约人在那次事件期间和之后的团结一心让我深受感动,我很想成为这些人中的一分子。

于是,年轻、天真的我搬进了这座城市,在时尚行业找到了一份初级公关工作。那是在2003年,我住在曼哈顿,年薪3.3万美元。但在那里,仅仅是每月房租就比我两周的税后收入还多!尽管代价昂贵,我还是喜欢纽约。不幸的是,只过了一年半,我就负债累累。我在入不敷出的生活状态和高昂的城市生活花费之间挣扎求生。我那时22岁,正在享受人生中非常快乐的时光,所以我想当然地认为,这些债务以后处理也不迟。有人邀我参加社交活动时,我从来没有拒绝过。我知道自己不会永远住在曼哈顿,所以想充分利用在那里的时间多经历经历事情。不幸的是,这些都是有代价的。

在一些金融界的朋友的鼓励下,我的职业生涯转向了走进华

第九章

尼娜·奥尼尔：为现在和将来做好准备

尔街。我有很多朋友在金融服务业工作，他们的工作内容以及华尔街这些"玩家"的互动方式让我无比痴迷。我不断地问他们各种问题，最后决定去找工作，看看有没有适合我的机会。我急切地接受了一家机构资金管理公司的工作邀请。我在这家公司学到了很多东西：公司财务、严谨的投资、维护客户关系的重要性——所有这些都很有价值。

结果，我逐渐开始扭转自己的财务状况——不仅是因为我赚了更多的钱，还因为我对个人财务基础概念有了更好的理解。我的储蓄增加了，债务减少了，投资了401（k）计划，对现金流的控制也更有效了。这些让我感觉很好。在这家公司工作了一段时间后，我搬回老家，得到了一个在美林担任财务顾问的工作机会。我意识到我有一股帮助人们理解金融概念和个人理财计划的热情，这种热情至今仍在。

人生是由经历积累而成的。我从北卡罗来纳州到纽约，再回到北卡罗来纳州的经历塑造了我如今管理自己资金的方式。不过，股票投资对我而言早已不再是一个与日常金融无关的有趣游戏了。现在的我认为股票市场是一个不可思议的工具，可以帮助我们实现长期财务目标，但需要谨慎的管理和高度自律的投资方法。作为一名财务顾问，我能够从专业培训和个人经验中受益，从而驾驭自己的资产。

为了展开细说，我来讲一讲我的家庭和业务情况。在金融危机期间，我在美林的培训项目被终止了，在当时看来，我的顾问职业生涯似乎结束了。但事后回顾，这件事给了我一个独特的机会，让我能仔细、主动地决定我下一步要做什么。

对于新婚夫妇而言，失业也是一堂宝贵的财务课。在那段时间里，我遇到了我现在的商业伙伴，我们进行了一次简短的交谈，这改变了我的生活。他不仅鼓励我继续保持自己对财务规划和投资的热情，而且邀请我做他的商业伙伴。如今，我们共同拥有一家小规模金融规划和投资管理公司，帮助遍及全国各地的数百名客户。

我丈夫也是一位企业家，他拥有一家创意机构，提供创意指导、艺术品、插画、包装设计和品牌设计服务。和大多数创意领域从业人士一样，他的收入每年都在波动。我们有2个儿子，一个5岁，一个8岁。很明显，我们养育孩子的费用巨大。

在写这篇文章时，我快要步入不惑之年，我主要的财务问题和现金流（因为自主创业）、缴税（当然还是因为自主创业）、为孩子上大学做储蓄、孩子的私立学校学费以及退休储蓄有关。缴税和支付孩子的学费都需要定期用到大量现金。我使用第一资本360（Capital One 360）的多个账户，每个账户都有特定的用途，比如缴税、交学费、一般储蓄等。每个月，对于因特定目的

第九章
尼娜·奥尼尔：为现在和将来做好准备

而有较大现金需求的账户，我会尽量根据手头情况向这些账户转账。有时是一次性全额资金投入，有时是小额资金投入，这取决于到账的收入和即将到来的现金需求。此外，作为一个喜欢直观管理的人，分开管理这些资金是个很好的办法。

我和我的丈夫在我们的孩子们很小的时候就决定供他们上私立学校。这可能是个有争议的决定，个人的看法不同，有利有弊。我想说的是，这完全是个人决定，因人而异。恕我不透露孩子们的具体情况，不过我们很早就觉得我的大儿子会受益于私立学校提供的小班环境和各种设施。2个孩子上私立学校带来的财务支出很大。然而，让他们上私立学校的行为是我们迄今为止最伟大的投资行为之一，因为这对孩子们的教育和全面发展有着巨大、明显的好处。我们会每年进行评估，决定是否继续沿着这条道路走下去。

除了为了每年大量的现金需求，我们还为未来的财务需求进行储蓄，这些需求包括拥有中期储蓄、准备退休金和支付与大学教育相关的费用。为在未来支付这些费用而设立的账户里的钱投资到了股票市场上。我们设立了自动转账，每个月将资金从我们共同的支票账户转入我们共同的券商账户上。如果满足了家里的现金需求后，还有结余，那么我们也会把这些结余放入共同的券商账户。例如，如果用于缴税、交学费或做其他事情的大额现金已经支付,那我会决定把那些多余的现金储备转移到我们共同的券商账户上。

理财顾问对如何投资看法各不相同,我不喜欢投资自己公司的账户,也不为自己公司的账户购买证券。我利用第三方资金管理公司来管理我的券商账户,按照它提供的特定策略投资。我倾向于积极进取,喜欢每月定投带来的持续收益。我个人更喜欢投资共同基金和交易所交易基金。

我的每个孩子出生后,我都立即为他设立一个约翰·汉考克投资管理(John Hancock Investment Management)的529大学储蓄账户(529 college savings account)。我已经设立了每月自动关联转账,为这些账户持续投资,我的孩子们的祖父母偶尔赠送给我的孩子们的资金也会被储蓄到这个账户里。对于529大学储蓄账户的规划,因为我的孩子们年龄还小,我选择了积极成长型共同基金。定投摊薄的成本、在市场投入的时间以及税收递延的增长,应该有助于为我的孩子们上大学提供充足的储备资金。万一资金短缺,他们上学的费用可以通过家庭收入、奖学金和(或)学生贷款来支付。目前,我为孩子们准备的大学储备金只够在州内上四年制公立大学。

作为一个小企业主,为退休后的生活存钱是一项挑战。虽然选择很多,但美国国税局对我们能够使用的账户类型和缴款额度

第九章
尼娜·奥尼尔：为现在和将来做好准备

有很多限制。我为自己开设了简化员工养老金个人退休账户和雇员储蓄激励对等缴费退休账户（SIMPLE IRA）。目前，我所在的公司提供了雇员储蓄激励对等缴费退休计划作为退休福利，我每月收到薪水之后会定期把钱存入这个账户。这些账户用于投资股票型共同基金和交易所交易基金，这些基金也由第三方资金管理公司管理。

我最大的投资对象是我和合伙人共同拥有的公司。在过去的十多年里，我和我的合伙人以多种方式重新投资了我们的这个财务规划和投资管理公司，包括投资技术、人员、办公空间、继续教育等。我们承诺在为客户提供最好的服务和体验的同时，保持业务无负债和正向现金流。在最初的几年里，要做到这一点真的很难，我们的收入大幅削减。不过，这么做是值得的。后来，良好的服务和可观的收益留住了客户，我们持续赢利，前期投资很快有了回报。

这些投资行为的最大回报是我从中获得的快乐，以及在没有大公司的繁文缛节和销售目标的鞭策下仍能热爱这份工作的能力。我们的工作重点是客户，多年来，我们殚精竭虑地与客户建立了良好的关系，我们由衷地喜欢与他们年复一年地合作。

我的财务目标不是建立在高额回报或宏伟梦想上的。我的目标立足于经济稳定、过充实的生活。这意味着我有能力做我喜欢的事,比如旅行、体验新的地方,同时也能够舒适地供养一个温馨的家,满足我的孩子们的教育需求,并为我们的未来存钱。没人知道我们能和所爱的人在这个世界上生活多久,也许只是俯仰之间,也许是很久。不管怎样,我们都要为现在和将来的生活做好充足的准备。

第十章

黛比·弗里曼：
让自己有更多选择

黛比·弗里曼（Debbie Freeman）是美国科罗拉多州丹佛市巅峰理财咨询服务公司（Peak Financial Advisors）的执行总监兼财务规划负责人。她于2005年加入该公司，从担任初级规划师和税务顾问开始做起。在进入这家公司之前，黛比曾在德勤税务管理（Deloitte Tax）担任丹佛办事处的会计师。她特别热衷于帮助那些正在经历人生重大转折的客户，比如失去爱人的客户或者离婚人士。

黛比于2005年获得了蒙大拿大学密苏拉分校（University of Montana, Missoula）的会计硕士学位和工商管理学士学位。目前，黛比是注册会计师（CPA）、国际金融理财师（CFP）、注册离婚金融分析师（CDFA）。

工作之余，黛比把生活重心放在了她的两个美丽的女儿以及与自己内心的沟通上。她是科罗拉多州财务规划协会的主席，帮助特拉维斯·马尼恩基金会（Travis Manion Foundation）成立了科罗拉多州的第一个分会。她也非常热衷于研究退伍军人问题和自杀预防问题。

第十章

黛比·弗里曼：让自己有更多选择

我在距离华尔街2035英里（约3275千米）的地方长大。全美国有许多人从不炒股，我的父母也在其中。对我来说，目睹父母的奋斗和奉献并不总是很轻松，这点燃了我内心一种永久的渴望，让我渴望拥有更多的选择。我很早就知道，如果一个人因为眼前的困境而束手束脚，几乎不可能有心思规划未来。最终，这些经验构成了我与金钱的关系的基础，并影响了我的投资方式。

如果借来的钱使用得当，我从不害怕负债。高中时期，我从当地银行贷款5500美元购买了第一辆车。我的学生贷款为我的高等教育提供了资金。负债让我第一次看到了经济独立的可能。我有了一辆车、一份大学录取通知书和一种支付方式。这并不是说我在债务问题上从没犯过错误，但我确实学得很快。

我仍在负责任地负债。我办理了住房抵押贷款，我还有学生贷款要还。学生贷款的利息仅有1.74%，所以我完全没有任何提前还清学生贷款的欲望。我认为受教育是我对自己最大的投资。这个投资行为的投资回报率是不可估量的。抵押贷款的利率为

3.375%，但税后成本更低。我每月要还的抵押贷款比我付的房租还少，而且在过去十多年里，我受益于蓬勃发展的丹佛房地产市场。我把对居所的投资看作是对珍贵的家庭时光的投资，我把居所看作是我远离喧嚣世界的"避难所"。住房抵押贷款和学生贷款的利率都很低，我抓住了这些机会，利用它们实现了经济独立。

我设立了罗斯个人退休金账户，并用账户资金投资个人股票。我通常会购买我理解其理念并在生活中使用其产品的公司的股票。我是一个职场母亲，是一个强大群体的一分子。毫无疑问，职场母亲们会找到可用时间长、高效的产品。我选择在这个账户中持有个人股票，是因为股票未来上涨的收益不必缴税。资产定位是我们可以使用和控制的工具之一。

还有一件事对我影响深远。我第一次选择个股是在上高中时。那时我15岁，每周末上午在一家咖啡馆当服务员。我很喜欢这份工作。人们在早餐时间往往很友好。咖啡馆有一位常客名叫罗伊（Roy），每个周末都会带着一份报纸来咖啡馆。他会给我讲述他在蒙大拿州长大的故事，讲述他搬家到加利福尼亚州闯世界的故事。他意识到我不想一辈子待在自己的小镇上生活，于是每个周末，他都会让我从报纸上选一只股票。我不得不在这一周内查阅股票牌价，研究这只股票所属的公司，然后在下周末向他

第十章

黛比·弗里曼：让自己有更多选择

汇报，并再次查看股票价格。他很喜欢看我选哪只股票。我原以为这只是一个有趣的游戏，但它却培养了我对金融的兴趣。我认为是罗伊推动我最终选择了理财规划师这个职业。在我获得硕士学位后，我特地写信给他表达我的感激之情。每当我在罗斯个人退休金账户中加入一只新股票时，我就会想起罗伊。

我也有一个雇员储蓄激励对等缴费退休账户。这个账户投资配比与我们为客户创建的投资模型中的投资配比完全一致。有种理念在我们公司的文化中根深蒂固：如果某个人在管理他人的资金和自己的资金时采取不同的投资方式，那我不会聘用这个人来管理我的资金。我每个月都会向账户中打入资金，我的公司也会按照配比相应地向账户中打款。账户中的投资配置既有交易型开放式指数基金也有共同基金，我们总是积极调整投资配比。不管市场状况如何，我每个月都会投资。我深知，从年轻时开始投资会产生可观的复利，回报丰厚。

我的雇员储蓄激励对等缴费退休账户并不迷人，也不值得成为餐桌上的谈资。然而，它不光为未来储蓄，还带来了无形的收益。我很荣幸能有机会参加公司的此项计划，也由衷感恩每个月都能向这个账户里持续投入资金。我常常想，如果我的父母有能力为退休存钱的话，会感觉怎样。再进一步，如果他们的工作提供了退休计划和雇主匹配政策，又会是什么情形？这个看似没什么特色的账户远非每月吸入存款那么简单。对我而言，它承载着在未来有选择的可能性，以及当前的幸福感和感激之情。

我储蓄中最大的一部分（通常占我工资的10%左右）都进入了一个网上储蓄账户，这笔钱为我每年购买公司的股权提供了资金。我得承认，这种做法在有些月份让我挺难熬的。我是一个单亲妈妈，供养着我自己和我的两个女儿。把这么一笔钱——特别还是税后的钱——放在一边不花，有时候挺难的。但是，每年当我写支票的时候，我都颇感自豪。这是对我自己的一项投资，也是对我的客户的一项承诺，保证他们可以获得成功。我购买的每一分钱股权都是在向我的女儿们表明，女性不仅可以投身金融行业，还可以在这一领域茁壮成长。

在认识到高等教育是我做过的最大投资对象之后，我在我的两个女儿还是婴儿的时候，就开始为她们启动了529大学储蓄计划，开了相关账户。这些账户的资金都由先锋领航投资管理有限公司管理，我每个月都会向这些账户中投入资金。我不太可能存下足够的钱来百分百满足她们的高等教育需求，但我已经问心无愧。我个人认为，以某种方式为孩子们提供资助是一件正确的事。即便将来我的经济状况发生了很大的变化，我仍然希望她们在进入大学时的风险压力能够低一些。

我要谈的我的储蓄和投资习惯的最后一部分是我最喜欢的部

第十章
黛比·弗里曼：让自己有更多选择

分。我每个月都向线上储蓄账户存入一笔专款，专门用于为我40岁时要享受的那个梦幻假期做准备。我和你们很多人一样。要想过上自己渴望的生活，就需要自律和计划。然而，许多人只是心怀梦想，却没有下定决心去实现它。我不会这样，再也不会了。

我哥哥在2014年自杀身亡。虽然我的这种经历一般人难以想象，但在经历了这类事件之后，你会从痛苦中脱胎换骨，获得成长和进步。让我觉悟的第一件事是，在我生命的前34年里，我一直在做我以为应该做的事。我在大学里努力学习，我一直都在努力工作，我遵从自小被灌输的观念，结婚、生子。但我却没有花时间去旅行，去冒险。在有孩子之前，我没有在墨西哥度过春假，也没有怎么旅行过。

尽管这当中有预算方面的原因，但更重要的是我把自己禁锢在一堆让人循规蹈矩的观念之中。失去我哥哥乔（Joe）让我真正醒悟。这件事告诉我，生活绝不仅仅是为实现一个目标接着一个目标而奋斗。生活还关乎享受其中的每时每刻。因此，我为那些我如今想要获得的体验攒钱：与家人一起在蒙大拿州度假，在40岁时去夏威夷旅行，在我的大女儿16岁时去巴黎，在我的两个女儿20多岁时去珠峰大本营。如果我不把自律地储蓄作为首要任务，就可能永远无法获得这些体验。

我们每个人都有不同的投资路线图。我对待投资就像对待生活一样。想要改变境遇，就需要付出努力、承担风险。当机会出现时，要主动出击。对自己的长期目标，要始终坚守，并保持自律，但不要因太专注于未来而忘记享受当下。保持积极的态度，相信自己的直觉。最后一点，永远不要低估我们有这些选择时会有多么幸运。拥有选择和一点点运气是保证财务安全的关键。

知名演讲者科林·赖特（Colin Wright）说："你只有一次生命去做自己想做的事，那就行动吧。"

第十一章

谢尔·彭尼：

我的 4 个资金池

谢尔·彭尼（Shirl Penney）是王朝金融合作伙伴公司（Dynasty Financial Partners）的创始人、总裁兼首席执行官。

谢尔经常在行业活动上发表演讲，他演讲的内容常常被各种金融出版物引用，还入选《投资新闻》2015年"40位40岁以下最具影响力的财富管理人士"榜单。此外，谢尔还入选《投资新闻》2016年度首届"财富管理领域的偶像人物和创新者"榜单。

谢尔毕业于缅因州刘易斯顿的贝茨学院（Bates College），目前与妻子和两个女儿生活在佛罗里达州的圣彼得堡市（St. Petersburg）。谢尔夫妻积极参与各种慈善事业，重点关注教育、贫困、肌萎缩侧索硬化（ALS）和退伍军人服务等主题。

谢尔是第一届金融领袖团体（Finance Leaders Fellowship）的会员，也是阿斯彭全球领袖网络（Aspen Global Leadership Network）的成员。

第十一章

谢尔·彭尼：我的4个资金池

我小时候住在缅因州一个非常贫穷的地区，由继父抚养长大。在我11~14岁的那段时间里，我一度无家可归，要靠左邻右舍来接济。像我这样一个青年时代如此拮据的人，在43岁时，居然被人问道，如何用自己的钱投资。这问话实在算是一种恭维！

我写这篇文章这年正是王朝金融合作伙伴公司成立10周年。这是一家为高级独立财富管理公司（注册投资顾问，即RIA）提供服务、投资产品的中型办公平台，那时平台上的资产已接近500亿美元。像许多仍在积极经营的创业者或企业家一样，我是王朝金融合作伙伴公司的总裁兼首席执行官，我的很大一部分净资产仍与该公司的其他股权所有者和合作伙伴绑在一起。

我承认，与积极开展多元化业务的做法相比，创业者"孤注一掷"的心态可能很冒险。不过谢天谢地，到目前为止，我们在业务、战略、行业、员工和客户方面的押注都得到了很好的回报。

话虽如此，我妻子玛丽·安（Mary Ann）和我的确还有其他投资。通过描述这些内容，我希望你能了解我们以王朝金融合作伙伴公司为中心的资本部署思路。

我们把所有的资本分成了4大类资金池，它们分别是个人资本（玛丽·安和我），家庭资本（我们的两个女儿以及侄子、侄女等），慈善资本（我们重点关注教育、肌萎缩侧索硬化以及军人家庭帮扶项目），以及我们的"乐趣"资本（那些我们非常喜欢但并不关注经济回报的资产）。

就个人资本而言，玛丽·安和我还年轻，谢天谢地，也很健康。因此，我们设计的投资组合相当激进，关注增长。我们投资了一套多元化的投资组合，其中指数基金是投资组合的核心部分，这部分基金针对小盘股和国际股，目前还有10%的资金被配置成了用于投资固定收益的资金和现金。

我相信投资要投在了解的人和事上。过去，这种信念促使玛丽·安和我购买那些我认识、尊敬的人经营的公司的股票。考虑到我们在王朝金融合作伙伴公司的持股规模，考虑到这是一家金融服务公司，更考虑到行业领域可能产生的集中风险，我已经停止购买该领域内其他公司的股票。在我的80%的追求财富成长的投资中，大约有50%的投资在公开市场，另外30%的投资在其他地方，分别是几个私募股权基金和房地产基金，以及对几个非金融行业公司的直接投资。

第十一章

谢尔·彭尼：我的 4 个资金池

目前，我的家庭资本的主要来源是王朝金融合作伙伴公司的股票，再加上我们让我们的两个女儿自己挑选的几只个股（用来教她们如何投资）。这些股票都来自那些能让两个分别为11岁和13岁的女孩一听到名字就会兴奋不已的公司。我们喜欢看她们两人在周五晚餐时向我们展示她们的投资理念。我们也为她们投资了教育基金，这些基金都是进取型、以增长为导向的多元化公共股票基金。

我们对慈善资本的投资在对几个资金池的投资中是最为保守的，国内核心股票指数基金约占这个资金池的份额的30%，高股息价值型基金占20%，应纳税固定收益债券占25%，国际共同基金占15%，现金占10%。我们将年收入的10%投入到这个资金池中，如果未来王朝金融合作伙伴公司的股票出现任何流动性问题，我们会加大对这个资金池的资金投入。玛丽·安和我都非常热衷于慈善事业。

我们最后的资金池是乐趣资本。具体而言就是2个"H"，即房子（House）和马（Horse）。我们有几处私人地产，目前和家人、朋友们共同使用。我们有一个纯种赛马的马厩——我们经常和各种各样的朋友一起骑马。虽然房子和马都有机会提供经济回报，而且这些年来我们都很幸运，一直能从两者中得到回报，但我们并没有把这个资金池中的资本作为首要的关注焦点。

我们相信分享才是最好的成功。当我们能在家里招待50个人时，当他们能和我们一起享受成功人士的生活时，这样的"投资"，无法用金钱衡量！

第十二章

泰德·西德斯：稳定带来满足感

注册金融分析师泰德·西德斯（Ted Seides）是资本分配者有限责任公司（Capital Allocators LLC，投资管理公司）的创始人。他于2016年创建该公司，从资产所有者、资产管理者以及其他相关参与者的角度探索资产管理行业的最优策略。他创建并主持"资本分配者"（Capital Allocators）播客，同时还担任多个资产配置和资产管理公司的顾问。

泰德还是门徒合伙基金公司（Protégé Partners）的创始人，这是一家业内领先的价值数十亿美元的另类投资[①]公司，专注于投资和培育对冲基金。作为总裁和联席首席投资官，泰德在这里工作了14年。

泰德的职业生涯起步于耶鲁大学投资办公室（Yale Investments Office），他跟随耶鲁大学前首席投资官大卫·斯文森（David Swensen）工作了5年。从哈佛商学院毕业后，他又花了2年的时间直接投资耶鲁大学的2家基金管理公司。

泰德的经历被写入了《顶级对冲基金投资者：故事、策略和建议》（*Top Hedge Fund Investors: Stories, Strategies, and Advice*）一书中，并且，他著有《如果你想创办对冲基金：基金经理和资产配置者的指南》（*So You Want to Start a Hedge Fund: Lessons for Managers and Allocators*）一书。他还与巴菲特打了为期10年的赌[②]，认为投资对冲基金的回报在10年内可以跑赢标准普尔500指数基金。

泰德以优等生的身份获得耶鲁大学经济学和政治学学士学位，并获得哈佛商学院工商管理硕士学位。

[①] 另类投资是股票和债券等投资工具以外的非主流投资工具的总称。——编者注

[②] 2005年，巴菲特提议以标准普尔500指数基金连续10年的回报作为基准，挑战全世界任何一位对冲基金经理所选的任意5只对冲基金组合的回报。泰德·西德斯同意接受这个挑战。——编者注

第十二章
泰德·西德斯：稳定带来满足感

我在投资领域的启蒙教育来自我父亲和我的第一个老板大卫·斯文森。

我父亲在他十几岁和二十几岁的时候相继失去了他的父母。他的家庭没有多少钱,他全靠自己上了大学和医学院。他的家族里的几个朋友在去世前向他介绍了股票的事,于是他在1959年购买了国际商业机器公司(简称IBM)的股票。在那段日子里,他常常觉得所有东西他都能在一瞬间失去,但他仍然保留着那些股票,直到今天仍然持有它们。

我们家过着上层中高收入的生活。我觉得我们很有钱,只是嘴上说我们是中高收入家庭而已——我并不知道这有什么区别。我们经常去波科诺斯(Poconos)山区分时度假,冬天滑雪,夏天打网球。我父母让我们兄弟姐妹三人在不必负债的情况下读完了大学和研究生,我们每个人离家独立生活时,银行账户里都有一笔存款。在我的记忆里,在我的童年,尽管我周围并没有富人出入,但我过得安全、稳定、无忧无虑。这些感受就是我对满足感的描述。

尽管年轻时的我觉得衣食无忧，但家里的钱不够充裕是我父亲的一大忧虑。他从来没有具体谈到过钱，而是提出一些建议，比如"不要做医生，还有更轻松的谋生方式"。我知道他这么说指的是医生的工作强度与收入不成正比，直到我进了商学院，才听说"追逐梦想"这4个字——也许我进入金融行业并不意外。

我认为听从父亲建议的棘手之处在于，他并不完全懂理财之道。他知道如何平衡支票簿，但我最近了解到，几十年来，他都是从信用卡和证券保证金中借钱的，其实他本可以把这些债务换成利率较低的学生贷款和住房抵押贷款。他关于金钱的建议在战略上挺正确，但在战术上完全行不通。

我在耶鲁大学为大卫·斯文森工作了5年，他就像我的第二个父亲。我们之间建立了一种半兄弟半父子的关系，我在这种关系中茁壮成长，这段经历对我弥足珍贵。大卫教会了我那些我父亲不知道的投资知识。他不是一个挥霍无度的人，所以很明显，我学到的第一课就是为未来储蓄。

大卫在幕后的工作和他在公众面前的表现一样出色。没等我形成坏习惯，他就教会了我最基本的理财原则和良好的投资习惯，他日常生活的智慧与我产生了深刻的共鸣。凡是他说的话，我从来都铭记于心。

第十二章

泰德·西德斯：稳定带来满足感

离开耶鲁大学后的几年里，我的事业很成功。我把从大卫身上学到的经验应用到对各类机构客户的服务中。我在这个过程中犯过错误，并发现自己每次都会带着更深的理解回到大卫教给我的最初原则上。从业十多年来，我赚了一大笔钱，几乎买什么都无须过多考虑。不过，我想买的东西并不多。

离开门徒合伙基金公司后，我的经济状况出了问题。与此同时，我的收入急剧下降，又经历了一次离婚，我的资产负债表"缩水"到只有以前的零头。我丧失了从小到大的稳定感。我在情感和财务上都没有做好准备。许多人都经历过类似的艰难时期，我比大多数人更幸运，因为我有足够的经济实力，即便退一步也不会有严重的后果。

那时我从未有过理财计划，真是悔不当初。离婚后，我的生活费用昂贵，我有3个孩子，还有一套很难卖掉的房子。我不得不做出从未料想过的调整。如果有一份理财计划、有个好理财规划师，我就会安心得多，这些也许还能帮我做出更好的决定。不过，事已至此，我非常需要制订理财计划。于是，我终于开始了为自己创建理财计划的过程。

一直以来，对于我和我爱的人而言，满足感意味着一种稳定的感觉，意味着我们可以一起分享愉快的体验，而不必操心柴米油盐。我希望我的孩子和我的家有这样的基础，我并不需要太多的东西来支撑这种快乐。如今，我找到了生命中的真爱，再婚了，并且正基于一个新组建的家庭重新评估我未来的财务状况。

作为机构投资者，我学到的一些投资经验并不适用于建立个人满足感。在我管理对冲基金投资组合的时候，我受限于自有资金，只能将大部分资金与客户的资金放在一起投资。这种投资行为对我而言极不理想，对冲基金在税收方面一般很不划算，能承担的风险也低于我的预期。然而，我这么做最重要的是向我的客户表明，我与他们是一致的，并关注他们的资本。

离开门徒合伙基金公司后，我花了一段时间才找到作为个人投资者的立足之处。经过一番操作之后，我的发现有以下几点。

当我的生活中的现金流为正时，我留下了一笔现金作为缓冲，以防未来几年遇到不景气的情况，这能让我产生稳定感，可以自由地用我的剩余资产进行长期投资。我对股票市场的波动很适应，并不相信所谓的进入股票市场的时机，所以我一直在全力投资股票。

当我坚持做自己擅长的事时，我的表现最好。作为个人投资者，我认真考量过该如何运用自己的优势。我是一个优秀的反向投资者，一个平庸的短线交易员，一个不情愿的卖家，在动荡的市场环境下能够做到心态平和。我也喜欢投资那些追求增值战略的优秀人才。把这些特点放在一起，我找到了投资基金和股票的

第十二章

泰德·西德斯：稳定带来满足感

"舒适区"，我打算买进并持有这些"舒适区"中的股票，希望能像我父亲持有IBM的股票那样，将这些股票一直持有下去。

我主要持有主动型和被动型基金组合的全球股票。如果我找不到更好的投资对象，我会持有指数基金或因子交易型开放式指数基金，但我更喜欢主动型基金。这种偏好源于我在职业生涯中经常与主动型基金经理打交道时获得的积极经验。

在关于主动型还是被动型投资的争论中，关系的价值几乎从来无人提及。与主动型基金经理合作时所接触到的人、想法和机会，在被动型投资时是几乎永远不会出现的。从这些关系中产生的知识和选择习惯不可量化，这些回馈也会在今后的生活中不断起作用。

除了基金，我还投资一些相似投资模式股票。这些相似投资模式股票的选择都符合我对投资世界的非典型视角。在我的投资组合中，很多股票都是根据操盘手的投资模式选择的。例如，在2018年12月的抛售潮中，我买入了布鲁克菲尔德资产管理公司（Brookfield Asset Management）的股票。我不会假装比其他投资者更了解这家公司的股票，也不会关注他们的季度收益报告，但我了解这家公司的投资策略、与股东的关系，知道这家公司的基础设施和信贷投资比较适合我的投资组合。

由于我对资产管理公司的选择有一定的基于个人价值的偏

113

好，所以我会持有一些长期成长型股票，以平衡风险敞口。我会购买那些有长期战略的公司的股票，我非常有信心在5年、10年后还继续持有这些公司的股票。这些公司包括亚马逊、字母表公司（Alphabet，谷歌重组后的伞形公司[1]）和Shopify（加拿大电子商务软件开发商）。

我在自己的股票投资组合中加入了一小部分投机型股票，部分原因是受生物技术等动态行业期权看涨现象的诱惑。公平地说，我对这些股票的了解甚至少于对其他股票的了解，所以我会与那些我很了解的、做过相关工作并对这些股票有高度信心的投资经理一起投资这些股票。

有时候，我从某位我尊敬的基金经理那里听说了一只股票，但它并不属于我前面提到的那些分类，比如"相似投资模式股票""长期成长型股票"或"投机型股票"。很多时候，如果某只股票出现一点亏损的迹象，我会在一两个月内就买进卖出这只股票。多年来，我总是要求我选择的投资经理们坚持自己的做法，不过这也正是我需要不时提醒自己的地方。

当市场在2018年12月和2020年3月进入动荡时期时，我在理财中考虑到了用投资损失抵扣投资收益以减少税收的做法，这是

---

[1] 指以投资与被投资关系建立的具有独立法人地位的公司，组成相互关联的公司群体。——编者注

第十二章
泰德·西德斯：稳定带来满足感

我在职业生涯中从未考虑过的做法。在市场动荡的时候能有些应对之法，这种感觉很好。把一只交易型开放式指数基金换成另一只类似的交易型开放式指数基金，减少了税收损失，为我在困难时期带来了不少安慰。

我当然了解对冲基金领域，但我并不投资对冲基金。我认为，优秀的对冲基金在免税型机构的投资组合中具有价值。但作为要缴税的投资者，很难在不付出代价的情况下获得收益。

在公开市场之外，我还投资了几只私募股权基金，相关基金经理们对此采取了非常有吸引力的策略。我过去的一些关系，以及最近在我的"资本分配者"播客中进行的一些调查，为我提供了一些极好的机会。幸运的是，很多投资经理们也十分好心地为我提供了很多机会。

总而言之，结合现金余额和股票投资组合，我可以实现我所寻求的稳定性，并为未来更稳定、更愉悦、更美好的生活积累复利。

第十三章

阿什比·丹尼尔斯:
找准目标,然后保持简单就好

阿什比·丹尼尔斯（Ashby Daniels）是栈桥财富管理公司（Shorebridge Wealth Management）的财务顾问。他为已经或即将退休的人士提供服务，陪伴他们一步一个脚印地度过生命中的这段关键时期。阿什比是《医疗保险很简单：退休人员需要了解的医疗保险简明指南》（*Medicare Simplified:What Retirees Need to Know About Medicare in 100 Pages or Less*）一书的作者，该书是亚马逊网站上的医疗保险主题畅销书。

他开设了一个名为"退休话题指南"（Retirement Field Guide）的博客，并积极发布文章，文章内容涉及投资、社会保障、医疗保险和为退休做准备等各个方面的主题。目前，他与妻子和他的两个儿子住在宾夕法尼亚州的匹兹堡。

第十三章
阿什比·丹尼尔斯：找准目标，然后保持简单就好

我成长在一个没什么机会享受奢侈生活的家庭中。我们家的成员是学校免费午餐计划的受益者。冬季寒冷的早晨，我们全家会挤在一个临时取暖器前取暖。那时，这种情况在我长大的地方很常见，所以，看上去没什么大不了的。但是，我们也很幸运，所有需求都能满足，我们还常常把自己仅有的一点结余送给那些不如我们幸运的家庭。很明显，关心他人对我父母而言很重要，随着年龄的增长，我越发觉得这一点令人钦佩。在我看来，和很多人相似，我管理家庭财务的方式很大程度上可能是由我的童年经历决定的。我崇尚让事情尽量简单，要做到这一点，首先要定义什么是"足够"。

从世俗的角度来看，"足够"这个概念是一个不断变化的目标，因为总有更大的游艇、更大的房子、更好的车或更奢侈的假期。然而，对"足够"的定义来自内心，而非外部环境。对我而言，"足够"是"满意"和"奢侈"之间的界限。多亏了童年的经历，我并不需要太多物质方面的东西来让自己满意。

我认为，凡事追求过度和奢侈往往使生活更复杂，而不是更充实。就像人们常说的那样："我可不希望我拥有的东西最终拥有了我。"我从不关心昂贵的手表、高档汽车、最大的房子或类似的事物，所以我相信，我比其他人更容易贯彻这一理念。在我看来，需求得不到满足是很有益的事情。我们生活得很舒适，但对于任何超过限度的东西，不是收起来，就是赠予他人。我们总是保持简单。

自从我工作以来，我的家庭收入逐年增加，但我和我的家人们总是刻意保持原有的生活方式。很少有人讨论生活方式的选择对未来财务状况的影响，但在我看来，在改变个人财务命运的诸多因素中，生活方式会占80%的影响，甚至更多。决定我们是否成功的不是选哪个基金或采取什么战术决策，而是能否做到量入为出、开源节流。不过，要做到这两点不能只靠一个人。

在家庭开支方面，我妻子和我的财务思维都很保守。我们两人都热衷储蓄，都希望能为我们关心的人和事付出更多。之所以付出，不仅是因为我们关心这些人、这些事，还因为这么做对我们的心灵有好处。我们一直都很幸运，这让我们越发相信我们肩负使命，要照料好我们拥有的一切。

我们不喜欢债务，几乎买所有的东西都用现金直接支付，包括买汽车。由于利率很低，我们唯一的债务就是住房抵押贷款。

第十三章
阿什比·丹尼尔斯：找准目标，然后保持简单就好

我一直遵循我给许多有类似情况的客户提出的建议，自我们十多年前买了房子，没有多还过一分钱贷款。对我而言，如果我们有足够的资金可以随时还清住房抵押贷款的话，就和已经还清是一样的了。这对我们很有效。

我家有3个主要的财务目标：

（1）为退休做好准备。
（2）供我们的两个儿子上大学。
（3）为生活中的各种意外做好准备。

为实现这些目标而行动就是让事情简化的最好体现。我认为人们花了太多时间去优化每一件小事，在投资组合方面尤其如此。某件事一旦做得足够好，我就会立刻转向解决更紧迫的问题。

当为退休和孩子们的教育进行投资时，我会兴奋地说，我们的投资组合中完全是股票。有人可能会说，这么做太不明智了，我们应该持有一定比例的固定收益，以减少投资组合的波动带来的影响。但我不这么看，因为我们没有短期目标。人们普遍认为，凡是降低短期波动性的措施，必定也会降低长期回报。鉴于这一事实，假设我们意志坚定，拥有真正长远的目标，那除了投

资股票以外的其他投资似乎都是不合逻辑的，因为股票的短期波动性高。我相信我们会继续保持组成部分完全为股票的投资组合。

如果你问我持有哪些股票，通常我会说我由衷地尊重和钦佩我在投资研究和基金管理领域的同事们提出的建议。但如果让我说句心里话，我认为，对于包括我在内的普通投资者来说，寻求额外几个基点的回报率完全是在浪费时间。为什么这么说？这倒不是因为我认为不可能办到这一点（当然可以办到），而是因为对最高收益的追求其实完全不受我的控制，也因为我认为做到这一点对于实现我的财务目标来说完全没有必要。

让事情简化的策略之一是寻找可以减少摩擦的领域。换句话说，如果可能，我想消除无法控制的风险。如果一门心思想跑赢市场，就必须面对运作结果逊于市场表现的风险。如果我们不需要跑赢市场就能实现我们的财务目标，那么去面对那些离我们的财务目标很远的种种可能性又有什么意义呢？

如果我们的目标需要跑赢市场才能实现，那我认为应该做的是修改我们的目标，而不是试图做一些引入其他风险的事。正常的市场回报就应该足够满足我们的需要了。

我们将投资组合设置成含有多种指数基金的组合模式，除了定期重新平衡账户资金配比，我们就不再做其他过多操作了。我

第十三章
阿什比·丹尼尔斯：找准目标，然后保持简单就好

并不相信持续优化投资组合有什么好处，因为大多数人似乎故意忽略了一个事实：所有的投资组合优化其实几乎完全是基于过去的数据做出的。这听起来合情合理，但我们的行业过于关注这一优化方法。实际上，现实中的操作和理想模式似乎存在脱节。

如果所有的投资研究都是基于过去的数据，那么任何被认为"最优"的投资组合在开始执行之前就已经过时了。因为我们投资的是未来，而未来的一切都是未知的。换句话说，我们无法知道什么在未来是最优的，直到未来变成现实时我们才会知道，但那时已经太晚了。如果没有关于未来的事实，为什么要费心去优化不可优化的东西呢？

我认为，这种坚持选择指数基金的多元化投资组合的投资想法，在我们这个"新奇事物综合征"横行的时代里，几乎等于相信投资超能力的存在。在通往财务目标的道路上，耐心似乎是一条更简单、更能令人满意的路线，而不是总在寻求最佳路线。

目前，我们每月向罗斯401（k）账户和应税账户投入资金。考虑到我们的收入水平，如果我们退休时的纳税等级较低，选择罗斯401（k）账户不一定是明智的长期决定，但我还是选择了罗斯401（k）账户，因为我不介意现在纳税。我更关心的是，从长远来看，这对我们来说意味着什么。通过这种方式投资，我们未来不用缴税，也就消除了又一个潜在的财务摩擦。我还会考虑这

123

样一个问题：如果将目前的投资比作种子，未来的收益比作树，那么我是愿意为种子纳税还是为树纳税？鉴于未来30多年潜在的免税额度的增长，我更愿意为种子纳税。

我们的应税账户正在成为我们资金量最大的账户。尽管这个账户上都是股票，但我们愿意把这个账户看成是我们储蓄的延伸。如果需要应急储蓄资金以外的资金，我们愿意接受这样一种可能性：当我们需要资金时，市场可能正处于低谷（如果这个低谷意味着如果我们再坚持几年，市场就会反弹，我们就可能获得更高的回报）。

我们设立应税账户的目的是为退休和子女教育提供资金。我们没有选择利用529大学储蓄计划，因为我们更喜欢有选择而不是税收优惠。如果我们的儿子最终去参军，或者获得了一份奖学金（虽然不太可能），或者做一些完全在意料之外的事，我们的境遇也不会因此而变得更差，我们可能会以其他方式供养他们——因为我们可以这么做。用这种方式储蓄，我们就给了自己选择的机会。

对于我家的第三个财务目标——为生活中的各种意外做好准备——我非常信赖保险。我购买了足够的人寿保险，可以让我的家人有生活保障。如果我真的出了什么事，这个保险能保障我们实现供我们的两个儿子上大学的目标。我还购买了残疾保

第十三章
阿什比·丹尼尔斯：找准目标，然后保持简单就好

险，如果我因残疾而不能工作，这份保险的保险金可以供养我的家人。我们还购买了足够的第三者责任保险，以应对其他的意外。为可能出错的事情做好准备，才能让我们为可能成功的事情进行投资。

了解什么对我们最重要，以及我们想要达成的目标，可以为我们制定战略和战术计划提供指导，让我们高枕无忧。我认为，凡是涉及财务方面的事，都没有一定之规，你必须找到适合自己的路，并沿着这条路坚持走下去。

第十四章

布莱尔·杜奎奈：
先打理好自己的事情

注册金融分析师、国际金融理财师布莱尔·杜奎奈（Blair duQuesnay）是RWM的投资顾问。她与该公司的客户合作，为客户创建可持续的财务计划和投资策略。她还是该公司投资委员会的成员。

布莱尔积极投身金融服务业，是该行业的热心评论员。她是《纽约时报》2019年1月评论文章"要不要解雇你的男性经纪人（Consider Firing Your Male Broker）"的作者。她的文章被多份出版物转载、引用，这些出版物包括《华尔街日报》《福布斯》杂志、《投资新闻》《晨星顾问杂志》（Morningstar Advisor Magazine）和《商业内幕》（Business Insider）等。她曾在注册金融分析师年会、晨星投资会议和注册金融分析师财富管理会议上担任演讲嘉宾和小组成员。

作为注册金融分析师，布莱尔自2011年以来一直是路易斯安那州注册金融分析师协会的成员，她自2014年以来一直担任该协会的董事会成员。布莱尔还是2016—2017年路易斯安那州注册金融分析师协会的主席。

布莱尔和她的丈夫以及两个孩子住在新奥尔良。

第十四章
布莱尔·杜奎奈：先打理好自己的事情

几年前，在一次金融顾问会议上，我参加了蒂姆·莫勒（Tim Maurer）主持的一个分会议，他是一位知名顾问、演说家和作家，当时他在白金汉战略财富管理公司（Buckingham Strategic Wealth）担任财经顾问事业部总监。会议开始时，蒂姆问观众："你对钱的第一印象是什么？"我绞尽脑汁，但在那时，我无法确定自己关于钱的最初记忆是什么。

早期对金钱的记忆会在我们的头脑中形成"金钱神话"，这是深深印刻在你的脑中的关于金钱的信念。常见的"金钱神话"包括"努力工作才能赚到钱""继承的财富不好"或"穷人都很懒"。这种"金钱神话"一旦在脑中形成，就很难改变。通过对"金钱神话"的研究可以发现，这些"神话"可以从根本上塑造我们的生活。弄清楚我们头脑中的"金钱神话"，可以为我们实现在现实生活中的财务目标扫清障碍。

对于蒂姆的这个问题，最常见的回答是"牙仙子"。这个神奇的生物会在半夜里溜进我们的卧室，为我们掉下来的牙齿付钱

（把牙齿换成金币）——一个社会对金钱有这样的看法，多么有意思！然而，如果一个人很长时间内也这样想，那对他的影响就比较可怕了。

直到会议那天的晚上，我才意识到，我对金钱的第一个记忆是教堂里的捐赠盘。每个星期日，参加礼拜的人齐聚在教堂里，捐赠盘在长椅上传来传去，大家把这周的捐款放进盘子里。这就是金钱在我的脑海中形成的第一个记忆：人们自愿捐出钱来为他们的社区做出贡献。这也让我经常思考，这样一段记忆如何影响了我的财务决定。

在大学期间，我爱上了市场和投资，决定投身金融行业。起初，我只是个普通的选股人，崇拜巴菲特。按照巴菲特"要买你了解的股票"的建议，我买了第一只股票，是诺德斯特龙（Nordstrom）的股票。几年后，我违背了巴菲特建议的"永久"持股期限，卖掉了股票，为曼哈顿中城的一套单间公寓付了定金。

在读了查尔斯·埃利斯（Charles Ellis）的《赢得输家的游戏：精英投资者如何击败市场》（*Winning the Loser's Game:Timeless Strategies for Successful Investing*）一书后，我的投资理念发生了变化。这本书是我当时的聘用者迈克尔·古德曼（Michael Goodman）送给我的，他是财富流咨询公司

第十四章
布莱尔·杜奎奈：先打理好自己的事情

（Wealthstream Advisors，Inc.）的创始人。埃利斯让我相信，跑赢市场的想法注定要失败。在高尔夫球比赛中，标准杆就是好成绩，避免柏忌球比打出小鸟球更重要[①]。将成本因素都考虑进去后，很少有专业投资者始终能跑赢市场。我从埃利斯的书中得到的最重要的启示是，市场回报就是好的回报。低成本指数基金的数量激增就意味着，只要我们接受，就能轻松获得市场回报。自从我读了那本书，就没有再购买过个股。

我总是优先考虑储蓄，把自己的事情打理好。在我职业生涯的早期，我的储蓄不过是在我的401（k）个人退休账户上的微薄投入而已。为了确保我的聘用者的配套缴费，我按照最低金额向账户中存款。10年前，我搬到了新奥尔良，并决定成为一名理财规划师和投资顾问。为了支撑业务，加上没有薪水来源，我花光了在职业生涯头10年里积累的大部分养老金储蓄。我相信这是我做过的最好的投资决定。虽然我很不擅长寻找和发展咨询业务，但我还是通过自己的网站和社交媒体一步一步地开始了推广工作。这些努力的行动帮我在全国范围内宣传了我作为金融顾问的形象。我经常开玩笑说，花在网站上的钱是我这辈子付得最贵的

---

① 在高尔夫球比赛中，把球打进洞用的杆数越少越好，标准杆是球员根据设计应当完成的杆数。击球杆数高于标准杆数1杆称为柏忌球，低于标准杆数1杆为小鸟球。——译者注

一笔工作面试费。

之后几年,我结了婚,买了我和我丈夫的第一套房子,组建了家庭。我和我丈夫理财的优先事项包括支付3岁的儿子和刚出生的女儿的教育费用、换一套更大的房子,以及为遥远的退休生活以外的事情做些准备。作为一名理财规划师,我观察过很多人的退休生活。有些人的退休生活中充满旅行、交友和各种活动,很幸福。还有些人则在努力寻找新的人生目标。我很担心自己会成为后者。从某种意义上来讲,退休也是一个目标。我和我丈夫希望有一个投资组合,在我们不再挣钱的情况下,继续供我们维持我们的生活开支。

按照"先把自己的事情打理好"的理念,我的每一笔收入都会有一部分自动转入我的401(k)个人退休账户,一部分转入为两个孩子开设的529大学储蓄账户,其余转入现金储备账户。我的目标是把这些收入和现在的生活分开,并将它们投资在我和我丈夫的长期目标上。我尽量保证6个月生活费用的现金储蓄水平,这些钱会在一年中用于支付各种各样的家庭维修项目费用和意外支出。

在大多数年份中,我参加的健康保险都允许我向医疗储蓄账户中投入资金。医疗储蓄账户的资金可以用于投资股票市场,让收益进一步累积,这些收益可以用于我晚年的和健康相关的消

第十四章
布莱尔·杜奎奈：先打理好自己的事情

费中。医疗储蓄账户可以以税前收入为基准缴款，账户内的收益增长还可以延期纳税，只要是符合规定的提款都是免税和无罚款的。这种有三重税收好处的项目是非常罕见的。然而，医疗储蓄账户认可的保险政策有很高的免赔额。今年，因为我的孩子出生，我改为选择一个低免赔额的计划。我希望在未来几年再恢复医疗储蓄账户的缴款，为未来的医疗花费提前储蓄。

我的退休账户和税后账户所涉及的投资组合与我推荐给客户的投资组合是一样的。我对股票和债券组合的选择基于两个因素：时间跨度和风险承受能力。我自己的投资时间跨度很长。我计划至少再工作30年，而且我的孩子们都还小。我的风险承受能力很高，一是因为我有足够的时间调整，二是因为我在投资行业工作，对风险和回报之间的关系十分熟悉。不过，这并不意味着我的投资组合中完全是股票（风险高）。相反，我将80%的资金投资于股票，20%的资金投资于债券。债券降低了下行波动带来的风险，为股票熊市期间的账户再平衡提供了可能。

我是公司投资委员会的成员，我们这些成员把大部分时间花在思考我们所谓"最重要的决定"上，即我们的客户投资组合的资产配置。这些决定包括国内和国外股票、小型和大型公司的组合，以及对价值、势头和股东收益等因素的敞口。这之后，我们会决定资产配置决策的实施机制。我们将长期战略配置与中期战术决策结合起来。如果国外股票比美国股票便宜，那我们就会偏离基准，在投资组合中更多地向国外股票倾斜。我自己的投资组合完全遵循我给客户们提出的投资建议。它是一套全球股票和债券的多样化组合，包含低成本的共同基金和交易所交易基金。

我为孩子们准备的529大学储蓄账户的资金都投在了先锋领航投资管理有限公司管理的基于年龄的共同基金上。路易斯安那州的529大学储蓄计划十分慷慨地提供了每年2%的州配套投入。除此之外，每对已婚夫妇每年还可享受最高4800美元的州所得税减免。等我的孩子们快到上大学的年龄时，我的投资的资产配置将从以股票为主转向以现金和债券为主。按照这几年大学学费的增长速度，我大概要花超过100万美元才能送孩子们上州立大学。

作为一名理财顾问，我的经验告诉我，在投资时，"为什么"比"怎么做"更重要。相比于我的投资组合能不能获取最大收益或最高夏普比率[①]，我的财务目标是什么则重要得多。只要我始终坚持"先打理好自己的事情"，避免错误，我就有充分的自信让我的投资组合发挥作用。

---

① 基金绩效评价标准化指标。——译者注

第十五章

莱汉妮·米珂：
认清什么对我而言最重要

莱汉妮·米珂（Leighann Miko）是一名注册理财规划师，也是伊瓜赖斯理财公司（Equalis Financial）的创始人，这是一家总部位于洛杉矶的独立收费公司，提供财务规划、企业管理和投资管理服务。

莱汉妮总是满怀热情地为缺少理财服务的社区提供辅导和各种协助。她与娱乐业中那些心思缜密、雄心勃勃的专业人士合作。她的目标是充当他们主要负责理性思维的左脑，让他们主要负责感性思维的右脑专注自己的创意工作。

莱汉妮致力于以人为本的理财规划原则，在提供理财方案之前，她会花时间去了解客户的方方面面。这种做法源于她帮助他人创造安全的经济生活的愿望，这样的生活是她自己从未指望过的。由于成长在一个经常面临财务波动的家庭，莱汉妮深深地认识到财务稳定的价值。她深知被人轻视的滋味，这让她越发明确了自己的使命：为所有人在理财的竞技场上谋求平衡之道。

第十五章
莱汉妮·米珂：认清什么对我而言最重要

"袒露自己或许痛苦，但远不如我们用生命来躲避它来得痛苦。"

——布琳·布朗（Brené Brown，美国畅销书作家），
《脆弱的力量》（*The Gifts of Imperfection*）

在我看来，作为人生这场马拉松的一部分，钱从来都不是一个令人愉快的话题。一谈到钱，总是令我感到痛苦和脆弱。在我眼中，它很少代表积极的东西，即便偶尔代表积极的东西，也只是我为了掌控自己而创造的短暂幻觉。在我心里，真实和自保之间只有一线之隔。随着年龄的增长，我越发难以看清这条线，因为它总是与我的过往密切相关。

我在一个财务情况不停波动的环境中长大。即便有稳定的时候，也很短暂。"稳定"这个词和我那情绪反复无常的继父完全不沾边。这么说吧，我12岁时的一天里，他和我妈妈离婚了，至今为止，那一天仍然是我一生中最快乐的日子之一。从那时起，

我和几个兄弟就在我们的单亲母亲的抚养下，度过了青春期的大部分时间。我们的母亲在十年级（高一）后就从高中辍学了。她做了她认为最好的一切来保护我们，努力不让我们因为接受救济而被左邻右舍看不起——当时那些人就是这样认为的，而这是我们家的秘密。她会不辞辛苦地到我们居住的城区之外的商店购物，以确保认识我们的人绝对不会看到我们使用救济用的食品券。尽管我妈妈从来没有直接解释她为什么不肯在当地的商店购物，但我知道她是因为觉得丢人，这让我难以忘怀。这就是我学到的：你的价值与你的资本净值紧密联系在一起。

尽管我妈妈东拼西凑，并且一直在量入为出，但还是有很多次，当我从学校回到家时，发现家里的电或煤气被切断了。常常，我都是自己打电话请求电力公司重新供电，这样我妈妈就不用在工作时处理这类私人事务了。那时我13岁。我妈妈除了求公共机构别断电断煤气、求银行别收回我们的汽车之外，还要恳求房东宽限交房租的期限、别赶我们走。求的次数多了，就没有人通融我们了。每次遇到这种麻烦，我都能感觉到我妈妈的挫败感。透过她勉强挤出的笑容，我能看出她心中的恐惧和失望，但这些成了我拼命避免这种重蹈覆辙的动力。最后，我的确或多或少地跳出了这个循环。

中间的事就不说了，后来我成年了，申请并收到了人生中的

第十五章

莱汉妮·米珂：认清什么对我而言最重要

第一张信用卡，那种喜悦就像在圣诞节的早晨感受到的那样。我刚满18岁，能亲手挑选信用卡图案让我激动万分。（能自己选信用卡图案，又是银行的一套营销伎俩！）几个星期后，信用卡寄来了，我至今仍记得那一个绿色的小塑料片给我带来了多么多的快乐。足足200美元的信用额度，我可以随便用！

我提醒自己："这张信用卡是应急用的。"这个提醒持续了整整2周，现在想来真是好笑。

我还记得第一次用这张信用卡购物的体验。我买了一件太平洋休闲服牌（Pacific Sunwear，美国青少年服装品牌）的蓝绿条纹上衣，花了大约18美元。那条紧绷的心理防线一旦松开，禁锢了我18年的锁链也随即解开。简而言之，短短几周内，我就把这张信用卡200美元的信用额度用完了。我那些关于钱的扭曲观念终于变得成熟了——是时候释放我心中对金钱的渴望，让它自己做出各种"愚蠢"的决定了。

围绕着金钱价值的内在冲突让我感觉自己的心出现了巨大的分裂，我仿佛发展出了两个平行的人格。一方面，我像个绝望的孩子，试图通过疯狂购买毫无意义的东西来填补内心的空虚，获得即时的满足。另一方面，我又想做个负责任的、理性的成年人，知道我这些行为的后果，尽管有能力，但从不付全价买任何东西——尽管我今天仍然拒绝这样做。因此，我对待金钱的方式始终在把钱花光和把钱存起来之间摇摆不定。不过，大部分时间，我还是把钱花光。

2019年，我决定先调整心理状态，让自己摆脱虚假，认清自己的真面目。其中一条就是对自己绝对诚实，尤其是当涉及与动机和价值观有关的问题时，更是如此。尽管进展还算顺利，但我感觉，在我是什么样的人和我以为自己是什么样的人之间，仍然存在鸿沟。我仍然觉得自己还是那个靠救济生活的孩子，仍然觉得人们就是这么看我的。从知识储备上讲，我是个人理财方面的专家，可是我却无法用我受过教育的头脑以一种有意义的方式理解自己的财务状况。

导致我踌躇这么久的是一个念头——一个挥之不去、反复出现的念头：我本不该走这么远。这就好像，我从门上的破洞偷偷溜进一座宫殿，随时等着保安把我揪出去，说我不够高，不能参加这里的舞会。我以为我很清楚自己为什么进入个人理财行业，但我错了。从业13年，我才终于清楚地认识到，我之所以选择这个行业，是为了帮助他人去创造一种我从未指望有过的生活。

我常常梦想，开着一辆不会被银行收回的汽车是什么感觉，有一栋我不会被赶出去的房子是什么感觉，能去离家30多英里（约为48.28千米）的地方旅行是什么感觉，永远不担心经济问题是什么感觉。所以我想，至少我可以帮助人们办到这些事，并在

第十五章

莱汉妮·米珂：认清什么对我而言最重要

这个过程中间接体验到那些快乐的感觉。这有点像玩角色扮演。我可以尝试每个客户的生活方式——在我的脑子里体验一番，然后回到现实。

好吧，我的问题很清楚了。是时候扭转局面了，我要问自己的，正如卓越的个人理财专家乔治·金德（George Kinder）提出的问题："你想让它变成什么样？"所以，这并不是关于如何完善我的价值观，并围绕它调整我的支出、储蓄和投资决策的问题。这个问题对我来说仍然是全新的。

这篇文章是一封写给我自己和其他需要被提醒的人的公开信，提醒我们了解自己需要努力和实践。只有真正发现什么对我们而言最重要，我们才能采取有意义的行动，活出真我。与普遍的看法相反，我认为可以做一些在理论上看似不合理的决定。有一件事我从来不做，也不建议任何人做，那就是仅仅根据财务上的收益或后果来做决定。硬币（投资行为）的另一面同样重要，甚至更重要。

我逐渐调整了自己的消费习惯，具体的调整方法是建立一种认知，知道我的钱不仅在为我服务，也在为别人服务。我尽量把我的钱花在最能让大多数人受益的地方。我主要把钱捐给当地的草根组织，而不是大公司资助的组织。在战场上起到关键作用的往往是子弟兵。我从创造就业机会，或提供职业培训的机构那里聘用人才，以协助打破一些找不到工作的人无家可归和吸毒的恶性循环（这种情况在我生活了一辈子的洛杉矶地区格外严重）。

虽然我因亚马逊的便捷和速度而做"要在哪里购物"的心理斗争，但我还是尽我所能在当地购物，尽可能地支持小企业。我很少在大型连锁餐厅吃饭，我给的小费很多，因为我感觉餐厅的服务生没有得到应有的待遇。那些稍微了解我的人都知道我喜欢精酿啤酒，所以我把钱花在当地的一家夫妻酒行里，这家酒行从当地和全国的小啤酒厂进货。

当我正视自己的过去时，我知道，未来的我会由衷感激我现在的做法，感激我没有因为一时的满足——尤其是我的价值观与所买之物不一致时——而做出让步。这就是我改变储蓄观念的方式。什么对我而言是真正重要的？对这一问题有了更深的理解后，我就能更好地控制自己花钱的方式，或者干脆不花钱。不过，每次买东西之前都问自己"这对我来说真的重要吗？"未免有些不够实际，所以，认清未来的我，更有助于在面对诱惑时不那么摇摆不定。

有些事永远不会改变。我将永远支持弱者，永远支持疲于奔波的人，永远是我的朋友们和客户们最热情的啦啦队长。

第十六章

珀斯·托尔：

投资是表达与创作

珀斯·托尔是投资管理公司生命+自由投资组合（Life+Liberty Indexes）的创始人。在创立该公司前，珀斯是洛杉矶和休斯敦富达投资（Fidelity Investments）的私人财富顾问。

珀斯经常在投资行业活动上发表演讲，并为各种金融媒体提供评论，这些媒体包括《巴伦周刊》（*Barrons*）、彭博社（Bloomberg）、美国全国广播公司财经频道、Cheddar（新媒体平台）和MarketWatch（道琼斯公司旗下的新闻网站）。

Life+Liberty Indexes的自由100新兴市场交易型开放式指数基金（Freedom 100 Emerging Markets ETF）及其相关指数基金在交易型开放式指数基金网站ETF.com获评"2019年度最佳新国际/全球股票型交易型开放式指数基金"。

珀斯因其在自由投资方面的工作入选《财富管理》（*WealthManagement*）杂志2020年度"十大值得关注的人物"榜单。

第十六章
珀斯·托尔：投资是表达与创作

不妨听听出租车司机传授的智慧，这能帮助你形成对投资的看法。几年前，在奥兰治县（Orange County），我的司机查理·克拉克（Charlie Clark）和我聊天打发时间。他告诉我，他曾是美国女歌手、演员、设计师格温·史蒂芬妮（Gwen Stefani）高中时期的声乐教练。他对音乐和音乐创作的过程了如指掌。他说的几句话让我印象深刻：

"艺术家的创作反映出他们对事物的感觉和想法。"

"文字和音符不是音乐，纸上的东西都是抽象的，你必须赋予它们生命。"

为了说明这一点，他接着用自己的演绎方式唱了美国知名歌手、演员、主持人弗兰克·辛纳屈（Frank Sinatra）的歌曲。他其实不需要用歌曲来证明他的观点，因为我已经完全明白了他的意思。

对我而言，投资既是一种智力或科学训练，也是一种创造性的追求和表达形式。我通过创立指数基金来表达自己。我的投资是表达我对事物感受的一种方式，是我表达看法的一种方式。我的工作是建立交易型开放式指数基金，我的任务就是为其他人创造出同样能够表达感受的方法。

我把我的个人投资看作是服务这个使命的工具——纸上的文字和音符。把文字和音符积累起来是一回事，把它们变成音乐、赋予它们生命则是另一回事。

在创办我的公司之前，我是富达投资的金融顾问。我很喜欢这个角色，但我清楚地记得在我离开富达投资前，有一段时间，当我看着券商给我的流水报表时，心里想的是，我已经到了再赚更多钱似乎也没有什么意思、没有什么必要的地步了。

那时我知道了自己的使命，我应该去创立自己的公司，将自由投资带入生活。离开富达投资很难，因为那里就像我的家，而开创新事业，尤其是创立交易型开放式指数基金公司，风险极高。但我不能无视内心那团热火，我甘愿冒险。我当时的储蓄和投资给了我足够的经济保障，让我有能力去冒险。我现在投资组合的目标是保持财务稳定、可持续增长，这样我就可以专注于公司的使命，而不必担心个人财务状况变坏。

就我自己的投资而言，实际上是两个老生常谈的问题相互作用的结果：

第十六章
珀斯·托尔：投资是表达与创作

问题一：我是一名投资专业人士，总是疏于维护自己的账户。在大多数情况下，我持有的是维护成本最低的投资工具，比如交易型开放式指数基金和指数型共同基金。

问题二：我实际上在参与投资市场的游戏。在基于我自己的指数的交易型开放式指数基金中，我极其偏重更自由的新兴市场。

我可投资的资产（以及每个目标中的资产配置）大致可以分为用于达成4个目标的4类。

（1）短期（应急）资金（100%在货币市场）。我在货币市场上保存了几年的生活费和应急基金。因为我在经营一个新的、尚未赢利的业务，目前还没有工资可拿。这是我的备用基金，可以让我安心地追逐梦想，直到公司赢利。

（2）为寻求投资机会准备的一般投资和现金（50%为股票，50%为现金）。这是一个券商账户，这个账户中持有的股票和交易型开放式指数基金与我的核心策略无关。这些股票的所属公司都是我喜欢并信任的公司，或者是我认为有前景的主题交易型开放式指数基金。我在这个账户中还持有一些我的商业伙伴开发的交易型开放式指数基金产品。关于交易型开放式指数基金业务，我最喜欢的一点就是与有创新想法的聪明人一起工作，并在他们的产品成为主流之前就成为这些产品的用户。

（3）退休储蓄（90%为股票，10%为债券）。这是我的投资分类中有最大的资产池的一类，大部分资产是从我的富达401（k）个人退休账户中不断滚动积累下来的。我在这个账户里持有一些超低成本的富达指数基金，用于投资大型、中型和小型美国股票。到某个时候，我打算把这些股票换成相应的交易型开放式指数基金，不过这件事现在不急，因为我根本不交易这些股票。由于账户中还有一些共同基金，我那些做交易型开放式指数基金的同事经常拿这件事笑话我。对交易型开放式指数基金行业的人而言，共同基金，甚至是指数型共同基金，看上去似乎都已经过时了。不过，作为个人退休账户，这点代价完全可以接受。我还有一些债券基金，这是因为我疏于照料，其实应该把它们也转换为成本较低的交易型开放式指数基金。

账户中的其余部分（也是一大部分）都投在了新兴市场股票上，具体是投在了自由100新兴市场交易型开放式指数基金上，也就是基于我的投资组合创立的交易型开放式指数基金。我对这部分投资的持有量占我的账户中长期投资总量的半数以上。

坚持一个投资计划非常困难，我不建议单独做这些事。我非常幸运，身边都是了解我所从事行业的投资专家。一个了解你、了解你的过往的好财务顾问对大多数投资者来说是无价的。因

第十六章
珀斯·托尔：投资是表达与创作

此，有一件事我从未考虑过，那就是减持我在自由100新兴市场交易型开放式指数基金上的头寸。这算是一种行为投资策略——投资你持有强烈信念的东西，只要能避免在最糟糕的时候卖出，就可能收获更好的结果。

（4）慈善捐赠（20%为股票，80%为债券）。我用慈善捐赠账户投资高增值率的股票，由我组织捐赠。许多年前，在我还没什么钱的时候，我象征性地买了一股谷歌股票。随着时间的推移，这只股票成倍增长，我把它转入了这个账户。目前我最欣赏，也认为最安全的股票是苹果股票，并且我计划用一些苹果股票作为我的慈善捐赠物。

在使用这种类型的账户时，我要小心的一件事是，要抵住诱惑，不要为了能让账户继续投资而延迟捐赠分配，这会违背我创立该账户的目的。组织慈善捐赠和用实物股票捐赠的做法是很好的，但是要记住，这么做的目标是为了让接受者在真实世界中能够用到这些捐助。由于存入该账户的资金转化为捐赠物的时间很短，所以我对这个账户的资金分配方式比较保守。

这些只是我的个人投资。我没有讨论商业资产的投资方式，包括我自己的资本以及我的公司合伙人的资本如何用于投资，我认为这部分投资内容属于私密范畴。

我由衷地相信，如果你觉得有使命感去做某件事，你就会做好准备。有时，你甚至会在这个过程中得到一些情感上的支持。我和查理·克拉克的相遇就是其中之一，这让我意识到投资可以是一种表达方式；这提醒了我，我在这里也是在创作音乐，不是把音符写在纸上，而是赋予它们生命。

第十七章

乔舒亚·D. 罗杰斯:
我的投资格言

乔舒亚·D.罗杰斯（Joshua D. Rogers）是阿雷特财富管理公司（Arete Wealth）的创始人兼首席执行官，这家公司专门为高净值个人和机构提供财富管理服务。在他的任期内，这家公司的收入每年都在增长。

乔舒亚拥有20余年的领导经验，管理着全美国30多个办公室和140多名理财顾问。

离开乔治敦大学法学院（Georgetown Law）后，乔舒亚追求创新，与他人合作获得专利，包括采用"自己定价"（Name Your Own Price）概念的电子商务网站Priceline.com。在这之后，他的职业生涯转向了金融服务领域。他先从华尔街的一家经纪公司做起，后来逐渐晋升，进入美国运通金融顾问（American Express Financial Advisors）和阿默普莱斯金融公司（Ameriprise Financial, Inc.）。

乔舒亚毕业于马里兰州安纳波利斯（Annapolis）的圣约翰学院（St. John's College）。之后，他作为该校的客座教授，当选董事会成员，监管大学的财务、投资和审计委员会。

他精力充沛，不仅事业有成，而且个人兴趣也十分广泛，包括全球旅行、写作和艺术品收藏。

第十七章

乔舒亚·D. 罗杰斯：我的投资格言

尼采和德·拉罗什富科风格的投资格言

格言式的写作风格可能会"误导"读者，让他们以为自己读的是二流的文学或哲学作品。我们习惯认为格言或警句这类东西只是好玩的消遣品，是一种不那么严肃的头脑进行的随机思考，而不是有关严肃科学的文章所要求的更连续、系统的叙述。

然而我发现，过了20多年后，我仍然记得的最深刻、最严肃的哲学见解，其中的一些往往来自那些选择格言风格写作的思想家，从赫拉克利特（Herakleitus，古希腊哲学家）开始，到德·拉罗什富科（De La Rochefoucauld，法国古典作家）、尼采，再到现在风靡全球的"思想家"推特！是的，如今的许多睿智话语都被浓缩成推文长度的格言了！

在我看来，格言是谦逊思想家的写作风格。他们不用大段大段的文字说教，而是写简练的格言，不去解释、阐述，而是用这些小篇幅的文字描述自己的经历和体会。格言写作本身并没有那么郑重其事。写格言的人可能只知道苏格拉底说过，他唯一知道的就是自己一无所知！

因此，人们接不接受我的格言都无所谓，因为这些只是我个人对投资的思考，同时更重要的是，对如何拥有幸福生活的思考。

在哪里投资

（1）由于信息技术的进步，公开市场变得高度透明，因此投资者（从法律角度看）不可能获得任何信息优势。对我而言，我更感兴趣的是投资在那些效率较低、信息优势容易合法获得的市场上。这些市场包括：房地产（所有子资产类别）、私人持有的经营型企业、风险资本、艺术品、高档葡萄酒和烈酒、手表、收藏汽车、古玩、稀土金属等。

（2）美国投资家彼得·林奇有句名言："投资你了解的事物。"我在这句话的基础上再进一步："投资你喜欢拥有的事物，投资你痴迷于研究和获取相关知识的事物。"

（3）我特别偏好投资有形的硬资产——如果我能使用这种资产或者从中获得乐趣，那就更好了。

（4）看看我自己的资产负债表，我的价值最大的资产和最大的单一投资就是我自己的生意。我一直觉得，我更愿意投资我能控制的事物，而不是无法控制的事物（比如标准普尔500指数）。我宁愿是汽车司机，而不愿意像其他数百万人一样坐在公交车上，想着公交车不要撞车。

（5）我更喜欢这样的想法：有一种调整心态的方法，你千万不要用。那就是如果我在投资自己的企业时赔了钱，我只能怪自己。但是，当一个人投资公开发行的股票时，如果投资不顺利，你可以责怪各种各样的其他人或其他你无法控制的因素。

（6）在你投资了自己——具体而言就是投资你自己的生意，或者你有一定控制权的生意，比如你是拥有投票权的董事会成员的公司的生意——之后，就投资房地产。根据我的经验，长期来看，房地产是第二可靠的财富积累方式。

（7）我个人直接或作为有限合伙人，投资了很多房地产。我的投资项目包括独户型住宅、多户型住宅、农场、工业集散中心和自备仓库。我的几乎所有房地产投资都获得了非常高的回报（尤其是税后回报）。

（8）投资你喜爱的资产。就我而言，我喜欢视觉艺术。艺术史一直让我着迷，我喜欢研究它。与伟大的艺术一起生活可以无限美化和提升你的生活。此外，艺术品市场是一个高度不透明的市场，在这里可以获得至关重要的信息优势。艺术品可以历经时间和经济条件变化而长期保值。然而，即便有如此巨大的上行潜力，艺术品市场也非常稳定。自1985年以来，整个当代艺术品市场（进入拍卖市场的艺术品）每年的回报率为7.6%左右。

（9）我还喜欢好车、高档葡萄酒和烈酒。这些投资不仅能让我获得巨大的回报，我还可以从中获得乐趣！这和拥有一家公司的股票或交易型开放式指数基金的感觉能一样吗？你不能把交易型开放式指数基金挂在墙上，它也不能喝，不能开着去兜风！

（10）永远要着眼于未来，找机会投资新潮的公司或新的资产类别。

给予法则

（1）人们往往过分沉迷于自己的个人投资（例如每天查看自己的投资组合10~20次），希望在中短期内实现像样的结果。但从长期来看，这些人往往会因为凑得太近、太情绪化、对金钱太吝啬而导致自我毁灭（具体指这些人的投资组合或净资产出现亏损）。我的净资产是通过坚持迪帕克·乔普拉（Deepak Chopra）的《成功的七大精神法则》（*The Seven Spiritual Laws Of Success*）一书中的一个原则而获得增长的。那是第二条法则，即

第十七章

乔舒亚·D. 罗杰斯：我的投资格言

给予法则。每天给遇到的人送一份礼物，可以是赞美、正能量，也可以是一朵花。同时，要心怀感激地接受别人的礼物。通过给予和接受关心、认同、信息、欣赏和爱来保持财富的循环。

（2）财富的积累就像体内血液的循环。如果一个人总是担心自己的钱，害怕风险和损失，锱铢必较、为富不仁、疑神疑鬼、一毛不拔等，这就类似于切断了肢体上血液的正常流动和循环，时间久了就会导致截肢或死亡。相反，你要让资金保持流动。要慷慨大方，敢于承担投资风险（你会因此得到回报），让别人也赚到钱，为你喜欢和信任的人投资。这种方法创造了一种给予和积极的能量，从而产生良性循环，带来富足，最终会带来丰富的投资回报（以及精神回报）。

（3）因果报应在财富的积累中也许会重要，但在财富的保存中绝对重要。

关于纳税

（1）美国税法非常支持两种类型的投资：建立自己的企业、房地产投资（或拥有房产，不是房地产投资信托基金或其他投资房地产的公开证券）。交易者们爱说："别跟美联储作对。"而我经常说:"别跟国家税务局作对,跟着他们走,让钱流向我!"

(2)少操心投资涉及的费用,多操心一些和缴税相关的问题。税会给你的投资造成投资收益的20%~35%的损失。但即使在最坏的情况下,投资涉及的费用也不会超过投资收益的5%。

关于结婚和离婚

你能做的最好的一个投资行为就是在结婚前拥有一份实实在在的婚前协议。离婚(特别是涉及孩子)非常昂贵,也是一个非常糟糕的投资行为。

关于金融顾问

(1)我成为注册理财顾问超过20年,发现业内公认的事实是,至少75%的理财顾问都是"自己的孩子没鞋穿的鞋匠"。

(2)华尔街是一个开着丰田凯美瑞车的人会给开着宾利车的人提理财建议的地方。

第十七章
乔舒亚·D.罗杰斯：我的投资格言

（3）有件事在我看来很自然：任何工匠在自己的行业中从业的时间越长，就越不可能享受或消费他所制作或交易的东西——因此，面包师不喜欢吃面包，有很多屠夫变成了素食者。就我而言，在分析股票和公开市场这么多年之后，现在发现投资股票、债券、共同基金和交易型开放式指数基金很无趣。

（4）我从未见过，一个把投资的主要目标放在减少费用上的人，会是个快乐、适应能力良好、令人愉快的人。

（5）每个人都应该有一个财务顾问，即便只是为了有一个对你的钱不像你自己那样情绪化的顾问也是好的。

关于正确的投资心态

（1）根据我的经验，很多人对某项投资对象表现得越讨厌，就越可能买入这项投资对象。这正是我在2009年年初购买多户型地产时所经历的事情。

（2）要避免损失厌恶心理。当你面临某个投资的损失时，不妨问问自己，自己持有这个亏损的投资对象等着它扭亏为盈时，实际上放弃了什么？让什么机会成本产生？好的交易者会迅速而冷静地从带来损失的投资行为中走出来，重新专注于好的投资行为。更甚的是，我发现苦苦守着亏损的投资对象（或让自己过度关注亏损的投资对象）会拖垮我整个人的精神状态，这在很多方面都是有害的。这又回到了我早期的一个投资原则，那就是对自己的投资保持一种放松的心态。有点幽默感，放松应对，经常微笑。你要认识到，所有的投资都会涉及风险，所以你有时候会亏损。

（3）我有一个富有的表兄，退休后住在汉普顿（Hamptons）海滩上的一栋大房子里。他一边抽着雪茄、喝着威士忌，一边告诉我："我这辈子开了10家公司。我之所以富有，是因为这10家公司中有6家成功了，而另外4家则完全失败了。可以说，仅仅是一次冒险的转变，就改变了一切。"

（4）谁最不在乎，谁就是最后的赢家。

第十八章

珍妮·哈林顿：

我看好股息

珍妮·哈林顿（Jenny Harrington）是吉尔曼·希尔资产管理公司（Gilman Hill Asset Management）的首席执行官，同时也是该公司旗舰产品"股票收益"（Equity Income）的投资策略经理。她也是美国全国广播公司财经频道的撰稿人，经常出现在《中场报告》（*Halftime Report*）和《全球贸易》（*Worldwide Exchange*）节目上。

在加入吉尔曼·希尔公司（Gilman Hill Asset Management）之前，珍妮是路博迈（Neuberger Berman）的副总裁和投资组合经理助理。她的职业生涯始于高盛集团，在那里她担任投资管理和股票部门的助理和金融分析师。

珍妮在哥伦比亚大学获得商业硕士学位，在霍林斯大学（Hollins University）获得经济学学士学位，她以优异的成绩毕业，并被选为美国大学优等生荣誉学会（Phi Beta Kappa）成员。她是霍林斯大学的信托人，担任其审计、金融和投资委员会的成员。珍妮和她的丈夫、两个孩子以及一群宠物住在康涅狄格州，他们居住的房子历史悠久，可以追溯到1784年。

第十八章

珍妮·哈林顿：我看好股息

我是一个看重股息收入的投资者——无论是在个人投资还是投资工作中都是这样。我为客户买什么，就为自己买什么。

好吧，我可能在2012年脸书［曾名Facebook，现元宇宙（Meta）］的股价低于首次公开募股的价格时买入了一些它的股票，也可能在2015年听到美国基金管理人比尔·米勒（Bill Miller）发表令人难以置信的言论后买入了推特的一些股票。不过，我和成长型股票的交集仅此而已。

在我的个人投资组合中，我只持有公开交易的股票，而且是高分红的股票，这和大多数人对一个44岁、性格外向的人所抱有的投资期望并不一致。没有任何基金，没有其他替代型资产，没有债券，只有股票。我甚至没有持有我哥哥经营得非常成功的冰激凌公司的股票，因为我拒绝为了钱，拿我和他的私人关系冒险。

相反，我投资业主有限合伙公司①是因为他们稳定的收入和税收优惠。我喜欢房地产投资信托公司，他们会收取租金，然后支付给股东。我喜欢知道，我投资的每一家公司都会在每个季度付给我现金，而且我的所有回报并不完全取决于其他投资者对一家公司所谓"正确"估值的反复无常的看法。

我有一个很棒的客户，名叫贝蒂（Betty），她给我上了重要的一课。当时我30岁出头，贝蒂已经92岁了。我刚从哥伦比亚大学商学院毕业，心中满是理想主义。当我接管贝蒂的全股票投资组合时，我谨慎地建议她在投资组合中加入债券。她直截了当地对我说："我从小就持有股票，那是我父亲给我买的，后来我丈夫和我又买了股票，自从他（几十年前）去世后，我就自己买股票了。股票总是为我提供生活所需的全部收入。债券面值不会增长，债券收益也不会增长。我为什么还要持有除股票之外的其他东西呢？"由于我个人的长期观点和我对收入的重视，从那时起，我就坚定地站在资产配置的"贝蒂学派"的立场上了。

我成为股息拥护者主要是出于偶然。2001年，有一个客户给我打来电话，说："嘿，珍妮，我准备退休了，所以我需要养老的收入。但我只有55岁，我还想要让收入不断增长。你能为我做

---

① 融合了公司的有限责任制、合伙关系的税收优势以及私营企业的管理模式的有限合伙公司。——编者注

第十八章

珍妮·哈林顿：我看好股息

些什么？"要实现这些并不总是可以兼得的目标，实际上有一个可行的方法。我将他的核心美国股票投资组合重新配置为股息收益投资组合，目标是产生5%或更高的股息收益率，并有可能在长期内实现额外的资本增值。自此，我开始热爱股息收益投资。

我很快就相信，股息是最纯粹的股东回报机制之一。现金流入一家公司，一个好的公司管理者执行一个可靠的商业计划，可以直接将一部分现金流返还给投资者。这很容易理解，但是，要弄清楚哪些公司能够成功执行，并不总是那么容易。

从哲学角度上讲，由于受到前聘用者路博迈的价值倾向的影响，以及我在哥伦比亚大学商学院读研究生时师从价值投资理论专家布鲁斯·格林沃德（Bruce Greenwald）的原因，价值投资理论的潜流在我体内涌流，而股息投资恰好与这种思维方式相吻合。对我来说，最好的长期投资很可能是那些交易价格低于实际价值的公司。这样的差别既代表机会，也代表安全边际。就股息股票[①]而言，现实价值可以通过综合评估未来现金流的净现值，以及考虑未来收益增长和让增长呈倍数扩张的催化因素等其他因素来确定。

大多数人一想到收入投资，可能就会想到年迈的退休人员从

---

① 指被公司当作股息分发给公司股东的本公司的新股票。——编者注

公司收取股息的场景。这么想倒也不完全算错。我投资的大多数公司都是成熟的公司，在各种经济周期中都有持续产生现金流的悠久历史，例如美国电话电报公司（AT&T）、IBM和威瑞森通信公司（Verizon）等公司，这些公司都已经支付了很久的股息。显然，这种事在鸡尾酒会上并不是什么引人入胜的话题，至少在1985年以后都不是。然而，无论从理智还是从情感的角度来看，投资股息股票都完全能引起我的共鸣。

作为股息投资的"忠实粉丝"，我很愿意指出，这是一个比人们原本以为的更有活力、更不单一的小众市场。事实上，我的一些最佳投资对象都是那些不会被认为是传统股息股票的公司股票。以数据存储制造商西部数据公司（Western Digital）为例。西部数据公司的产品的定价具有很强的周期性，其股价往往也会随之波动。然而，从稍微长远一点的角度来看，我们可以看到，在3~5年里，他们的现金流很稳定，能够很好地支持该公司在2012年发起的股息。由于股价的波动，我们在2017年年初以每股40美元左右的价格购买了西部数据公司的股票，并获得了2美元的股息。一年后，我们以102美元的价格卖掉了西部数据公司的股票。

我最喜欢的另一个投资对象是道格拉斯动力公司（Douglas Dynamics），这是一家生产铲雪机刀片的公司，运营和管理能力

第十八章

珍妮·哈林顿：我看好股息

一流。在研究道格拉斯动力公司的过程中，我们发现每年铲雪机刀片的销量都是起伏不定的，但以8年为周期评估时，销量却惊人地稳定。道格拉斯动力公司的领导团队就以这个8年周期管理着公司以及相应的股息政策。2011年夏末，随着美国债务评级下调，我们得以投资于这家出色的公司，并持有该公司的股票长达7年之久，随着他们的业务实力慢慢得到更广泛的市场认可和赞赏，我们的相关资本大幅升值。与此同时，我们能够在市场经历的许多起起落落中获得稳定的收入。

我在一个经济环境不稳定的家庭长大，目睹了盼着一夜暴富的心理带来的负面作用。目前投资股息股票的收益只是给我提供了一定程度上的心理安慰。无论市场风雨如何，总会有收入流进我的投资组合（我的投资组合熬过了2008—2009年的金融危机、2011年的美国债务评级下调、2013年的削减量化宽松恐慌、2015—2016年的石油价格暴跌、2018年的闪电暴跌熊市），这给我带来了安慰、信念和信心。

我也在我自己和我的生意上进行了大量投资。从2007年我女儿出生的那天起，我就一直请同一个保姆照顾我的孩子们——那时，我刚开始在吉尔曼·希尔资产管理公司（Gilman Hill Asset Management）工作，不得不从我的退休账户里取钱来补贴生活费用，但我知道，在这种育儿方式上保持灵活性（请保姆）是让我能完全专注于事业的唯一方法，我认为这是对家庭未来的一个重大投资行为。值得庆幸的是，这种做法有了回报。

我对Gilman Hill Asset Management进行了大量投资，我们拥有一流（而且昂贵）的系统，安静且实用的办公空间，以及经过精挑细选、素质非常高的员工。我完全相信一分钱一分货，我愿意公平地支付，甚至是慷慨地支付，只为能够聘用最好的人才。这样的人才让Gilman Hill Asset Management茁壮成长，也让我在工作和生活中充满信心，因为我知道我的身边有一支真正优秀的团队。

第十九章

迈克尔·昂德希尔：
小心通货膨胀

迈克尔·昂德希尔（Michael Underhill）是资本创新公司（Capital Innovations，不动产投资管理公司）的创始人兼首席信息官。他开创了几项非传统的投资组合策略，如今都得到了广泛应用：全球上市的基础设施、上市的木材、上市的农企公司，以及用多元化资产配置对抗通货膨胀。这些投资策略曾刊登在《纽约时报》《养老金与投资》（Pensions & Investments）和《机构投资者》（Institutional Investor）上。昂德希尔经常为一流的金融期刊和书籍撰稿，他是畅销书《基础设施投资手册》（The Handbook of Infrastructure Investing）的作者，还是注册金融分析师协会的教员。

昂德希尔毕业于宾夕法尼亚州立大学（The Pennsylvania State University），获得经济学学士学位，专业方向为统计计量经济学。他还完成了佩伯代因大学（Pepperdine University）、斯坦福大学法学院的研究生课程，并于1998年在阿根廷萨尔瓦多大学（Universidad de El Salvador）完成了拉丁美洲跨境贸易研究生课程。他还是联合国可靠投资基础设施原则工作流程指导委员会的创始成员，以及昂德希尔癌症研究基金会（Underhill Cancer Research Foundation）的创始人。

第十九章
迈克尔·昂德希尔：小心通货膨胀

我在宾夕法尼亚州的匹兹堡市南部地区长大，在家中的5个孩子中，我年龄最小，和老大相差了14岁。我的父亲爱德华·昂德希尔（Edward Underhill）出生在一个名叫劳伦斯维尔（Lawrenceville）的贫穷的波兰社区。我是听着他的故事长大的：关于他如何克服重重困难、勇敢前行；关于他的家庭如何在1936年的圣·帕特里克节（爱尔兰节日）那天的洪水中失去一切的往事——当时的洪水水位达到了46英尺（约14米）。

我父亲是美国海军陆战队的老兵，第二次世界大战期间，他曾在太平洋战场上作战，见证过天宁岛（Tinian）、塞班岛的战役以及塔拉瓦（Tarawa）的战争。不用说，我们家餐桌上的谈话经常充斥着军事术语和咒骂声，经常谈论非洲人民总在挨饿的问题。我很早就知道，家里的每个人都需要为家庭创造资产，为家庭创造现金流，而不是为家庭带来债务。努力工作、咬紧牙关和依靠现金流过自给自足的日子，其价值是不可估量的。

8岁时，我有了第一份工作：在周日上午为我们家的房地产公司接电话。我们家在厨房拉了一条分机线路，保证不会错过任何与潜在客户联系的机会。10岁的时候，因为我的数学能力比我的客户服务技巧好得多，所以我成了一个木匠小工，帮大人搭建房屋框架。

12岁时，我和我的朋友萨米·罗克韦尔（Sammy Rockwell）合伙，开始做景观美化生意。当时我们还是初出茅庐的青少年，把公司命名为"S&M草坪服务"。我们印在卡车上的公司标志十分醒目，每次我们把卡车停到小区附近时，都会看到家庭主妇们目瞪口呆地盯着我们[①]。16岁时，我买了一辆斯科茨代尔（Scottsdale）的长车斗皮卡和额外的景观美化设备，与索恩·拉恩公司（Thorn Run Partners，公关公司）的一个分部签订了第一份商业合同。我从十几岁起就经营生意，这样的经历教会了我关于资本配置和现金流的宝贵知识，我了解了损益比、用会计方法记账、市场营销、财务管理、设备维护、日程安排和物流，这些对我来说都是平常实实在在的工作，而不仅仅是教科书中抽象的商业术语。这些都与现金流相关。

大学期间，我攻读了统计计量经济学专业，并在雷曼兄弟公

[①] "S&M"是迈克尔（Michael）和萨米（Sammy）的首字母组合，也有施虐狂&受虐狂（sadism&masochism）的意思。所以其他人看到这样的公司名会感到惊讶。——译者注

第十九章

迈克尔·昂德希尔：小心通货膨胀

司完成了实习项目。我在雷曼兄弟公司工作期间，该公司被美国运通收购。我花了3年的时间创建并实施了一个战略性资产配置软件程序，以帮助经纪人更好地管理他们的零售客户的投资组合，同时我还抽时间进行市政债券分析。这是一个有点奇怪的行为，为了平衡投资风险，但它比利用空闲时间割草或其他体力劳动繁重得多。我学到的东西也是不可估量的：我试图衡量风险和回报、免税的收入来源、计算应税等价收益率，当然还有做有关现金流的事。

雷曼兄弟公司有种老说法，投资有2个规律：

（1）个别证券的表现是不可预测的。
（2）证券组合的短期表现是不可预测的，现金流是可预测的。

雷曼兄弟公司倒闭后，我有幸为世界上最大的几家资产管理公司［骏利亨德森集团（Janus，全球资产管理公司）、景顺资产管理公司（Invesco）、联博资产管理公司（AllianceBernstein）］工作。2007年，我创办了自己的公司——资本创新有限责任公司（Capital Innovations），专注于利用公开市场和私人市场进行不动产投资。

通货膨胀可能并不是每个人都关心的问题，但当我回顾1900—2019年这段时间时，发现美国的平均通货膨胀率已达到每年3.1%。听起来不是很多，对不对？然而，每年2%的通货膨胀率如果持续30年，就会使你的购买力降低约45%。因此，通货膨胀给所有投资者带来了"长寿风险"，这就好像是说，一个人活着，但之前拥有的钱慢慢就没了，或者一个人靠现在存的养老金在未来过不下去了，因为现在拥有的钱，在未来会因通货膨胀而大幅贬值。

决定不同资产类别的表现的因素有很多，但最基本的两个驱动因素是经济增长或收缩的速度，以及经济是否正在经历通货膨胀或通货紧缩。机构资产配置框架设计的基础涉及了对这2个因素的预期。考虑了对这2个因素的预期后，要决定如何将资产配置到4个主要类别中，每个类别在投资者的投资组合中将发挥不同的作用。

- 固定收益类：保存资本，限制波动，提供流动性，对冲意外通货紧缩。
- 绝对回报类：不论市场如何，都能产生回报的资产，较少依赖于股票和固定收益市场的方向。
- 股票类：提供长期资本增值。

第十九章
迈克尔·昂德希尔：小心通货膨胀

- 实物资产类：对冲意外通货膨胀，产生长期总回报。

听起来很简单，但目前投资者仍在继续剖析2020年美国政府在新冠肺炎疫情下实施的政策的影响，其中包括财政政策和全球货币政策的影响。资产配置者面临着重新校准分配模型，以纳入增加的波动性、不确定性、复杂性和模糊性。

- 波动性：货币、全球股票和固定收益市场的波动性，以及缺乏稳定和可预测的市场和监管。
- 不确定性：货币和财政政策在几个月甚至几周内的不确定性波动。
- 复杂性：交易型开放式指数基金的空间越大，市场的风险也就越大。向被动型基金的转变可能会将投资集中在少数大型被动型基金产品上，从而增加系统性风险，使市场更容易受到少数几个大型的被动型基金产品的走向的影响。投资的修正方式也会变得更加极端。
- 模糊性：投资者对多样化犹豫不决，对探索不熟悉的产品犹豫不决，这进一步限制了他们的投资多样化。

看一看美国2000—2020年的通货膨胀数据，就会发现一些趋势，在此归纳如下：

- 政府对一种商品或服务的参与程度越高（越低），随着时间的推移，价格上涨（下跌）幅度就越大（越小）。例如，对于医疗、大学教育、儿童保育行业，政府资助和监管的程度都很高，所以相关的商品或服务的价格涨幅很大。相比之下，对于软件、电子产品、玩具、汽车和服装行业，政府资助和监管相对较少，所以相关的商品或服务的价格在下降。

- 随着时间的推移，相对于总体通货膨胀、工资和（与医疗、大学教育和儿童保育相关的）服务价格，制成品（如汽车、服装、电器、家具、电子产品、玩具）的价格大幅下降。

- 可贸易商品（如玩具、服装、电器、家具、鞋类等）的国际竞争程度越大，其价格随着时间推移下降的幅度就越大。

建议机构投资者最好投资相关性较低的行业组合，以帮助降低风险和波动性，并在多个市场周期内增加投资组合的多样性。这样做可以帮助投资组合抵御市场的起伏，并确保投资组合中的行业在市场条件变化时不会全部同向变动。

第十九章
迈克尔·昂德希尔：小心通货膨胀

多年来，我在个人投资和工作中的做法是，为了保持资产配置的健康，我会将整体投资组合的10%~20%配置给实体资产（基础设施、自然资源和房地产）。这样做的目标是提供收入（产生现金流）和让资本增值，这将作为获得长期总回报和通货膨胀保护的驱动因素。

通货膨胀将卷土重来。积极、协调的货币和财政政策扩张将产生通货再膨胀效应。我认为，美国的决策者很有可能会延长这种反应，以促进经济增长，扰乱过去30多年的结构性反通货膨胀力量，但通货膨胀压力将会带来这股力量的报复性冲击，所以人们要做好准备。

单纯地盼望好的情况出现不能成为一种投资策略，否认现实更没有用，现金流永远是首选。

第二十章

丹·伊根:
金钱是仆人,不是主人

丹·伊根（Dan Egan）是Betterment的行为金融和投资部门的总经理。他从业至今，一直使用行为金融学来帮助人们做出更好的财务和投资决策。丹在各种行为经济学相关的出版物上发表了多篇文章。他经常在纽约大学、伦敦商学院（London Business School）和伦敦政治经济学院（The London School of Economics and Political Science）开展讲座。

第二十章
丹·伊根：金钱是仆人，不是主人

关于"我如何为自己投资"这个话题，你要么会觉得非常无聊，要么觉得非常具有挑战性，完全取决于你的看法。但它始于这样一个理念：金钱永远是仆人，而不是主人。

我为什么要存钱

我将从财务规划的角度开始讲起。我存钱是因为我希望在未来能够负担起一些东西（通常是费用）。我想弄清楚我存钱是为了什么，我到底在乎什么。一般来说，我存钱是为了负担下面这些东西，以及一些意外情况。我需要钱来支付这些东西的相关费用。

以下是重要的几大项（见表20-1）：

表20-1 投资计划表

项目	当前总资金占比	退休后的总资金占比	项目中的股票占比
人力资本	75%	—	—
养老金	11%	47%	90%
住房	6%	26%	—
自然资源	3%	11%	—
应急基金	2%	8%	30%
女儿上大学所需资金	2%	6%	—
以前的错误投资	1%	2%	100%

现在让我们来深入研究前5项。

人力资本

我打算再工作约20年。所以,我最大的资产仍然是我赚钱的能力——也就是我将时间和精力转化为金钱的能力。从我16岁开始工作到现在,我的时薪增长了近10倍。这反映出,我在自己身上的投资在相当长的一段时间内产生了稳定的资金流。

大学毕业后,我先工作、攒了2年的钱,以便能在没有债务的情况下攻读硕士学位。我学会了多种编程语言,甚至学会了一种手机应用程序的语言。我还攻读了平面设计、用户调研、数据库和版本控制的课程。

第二十章
丹·伊根：金钱是仆人，不是主人

在培养软技能方面，我也付出了很多努力：我接受指导并不断听取反馈意见，让自己成为更好的沟通者和演讲者，并擅长从事媒体培训工作。我偶尔写一些文章，为了更有成效，我还雇了一个专业编辑。他的反馈不仅改善了我的文章质量，还极大地提高了我的写作水平。

随着个人技能水平的提高，我无论是在公司内还是公司外，做出的贡献都越来越多。你永远不会在真正的产品中直接看到我设计的东西，但我设计的东西都是澄清问题和找到解决方案的关键。

此外，我一直努力与身边的人建立联系。虽然我很喜欢行为金融专业的其他从业者，不过我可能无法从他们身上学到更多。相反，我可以从一个来自稍微不同领域的人那里学到很多东西，我们可以互通有无，共同提高。然而，这也意味着你要花时间去和那些你不熟悉的人交往和沟通。

所以，我现在价值最大的资产就是我自己，我的时间和努力以及我如何使用它们。我自己是我最关注的投资对象。

养老金

我和妻子有一个共同的退休计划，打算在62岁左右退休。说实话，这对于我们来说可能太早了。我们都喜欢白领的创造性工作，我们都不打高尔夫球，所以很难想象我们在62岁时生活会发生巨大的变化。为了保守起见，我们早一些设定了目标，这么做的意义是，即使我们不得不这么早退休，我们也已经进行了充分的计划。许多人退休的时间比预期要早，而且由于各种原因，他们的养老金余额比预期要低。

我和妻子都有传统型401（k）账户、罗斯个人退休账户和一些应税账户。因为我们离退休还有很长一段时间，所以我们把这些账户中90%的钱投资到股票上。当股票市场下行时，在这个投资组合中，我会持有部分债券。我认为从长期来看，这样做不会错过太多股票上涨的机会。

由于我们设定的退休目标投资组合中有多种税收账户类型，我们可以策略性地将不同类型的资产放入不同的账户中，以最大化我们退休时拥有的资金数额。这叫作资产配置，利用了不同的投资有不同的税收阻力和不同的账户类型这一事实。从总体分配来看，它很完美。而且在每个账户内，都有一项专门用于减少税收拖累的拨款。

我将在后面详细讨论这个组合方式。

住房

我们目前的资产中，大约30%用于支付住房本金。我们有30

第二十章
丹·伊根：金钱是仆人，不是主人

年的定期住房抵押贷款，我们正在慢慢偿还。我们总归需要住在某个地方，也许在我们生命的最后几十年里，会做持有反向住房抵押贷款之类的事情。但我们不会把房子当作流动资产来估价。我们常说"从银行处租房（贷款买房）"比租房更省税，但实际上我只想在自己的房子里做自己想做的事。即便我的房子没有任何正向回报，我也不会介意。

自然资源

我小时候，每年夏天都在切萨皮克（Chesapeake）的营地帐篷里度过。我们现在住在纽约市，但我们还是想更多地接触大自然。我不希望女儿在成长过程中因为对大自然陌生，而看到虫子和野生动物就大惊小怪。

为此，我们在纽约州北部购买了大约10英亩（约0.04平方千米）的土地。这和买房完全是两回事。买土地本身就相当于支付买房子的首付款。没有那么多的检查和管理费用，没有房贷要还，没有抵押保险员。我们只是攒钱买了那块地。

我们会在这块土地上露营，有时睡在吊床上，有时睡在帐篷里，有时甚至睡在工具棚里。这里不像是简陋的住所，更像是豪华的野营地，但绝对不是一个设施完备的居所。我们一直在清理和修饰这里，做一些改变，让这里变得更舒适，比如添加室外淋浴和厨房、可以睡觉的小活动房、公共用餐区等。

我不打算在这个投资对象上面赚多少钱，但如果10年后我们能从家人和朋友那里收获在这块土地上的回忆，记得这里是一个可以放松、彼此熟悉的地方，一个舒适、亲近自然的地方，我会非常高兴。

应急基金

我最早做的一件事之一就是建立一笔紧急危重事件应急基金。我不想在压力之下被迫换一份糟糕的工作，也不想让医疗费用毁了我的家庭。生活中可能会遭遇一大堆随机的不幸事件，我需要一个坚实的缓冲区帮我渡过难关。

这个紧急危重事件应急基金中大约80%用于投资债券，20%用于投资股票。考虑到要抵御长期通货膨胀，我就并不特别需要现金带来的安慰了。如果我们最终永远不需要动用这个紧急危重事件应急基金，我就不得不为了它带来的一点点安心感而承受几十年的通货膨胀带来的对金钱价值的侵蚀。

我的投资组合

我几乎把所有的钱都放在了Betterment。他们把我的资产投

第二十章

丹·伊根：金钱是仆人，不是主人

资在低成本、全球多元化的交易型开放式指数基金投资组合中。Betterment几乎负责所有事：资金尽职调查、再平衡、管理资金流入和流出、税收损失收缴、管理下滑曲线和资产配置。除了在必要的时候存钱和取款，我并不需要做太多事情。

这些基金通常不是先锋基金就是安硕基金。我并不太在意，因为我知道选择这些基金的过程相当稳妥。

最后，我再增加一个隐藏项，我称之为"薛定谔的投资"——我在我所在的公司的期权。我打算把它们的执行价值定为0美元[①]，直到事实证明并非如此为止。如果幸运的话，我所在的公司的股票涨了，我会遇到一个幸福的麻烦——我的钱比我预想的要多。说实话，我不确定该拿我所在的公司的期权怎么办。不过，如果真有这样的事，我认为也非常好。

摆脱投资的枷锁

对我而言，我从事财富管理工作的时间不算短了。在与客户

[①] 相当于有投资行为，但执行期权时需付的钱为0美元，就好像是"投资"与"没投资"的叠加状态，故本文作者称其为"薛定谔的投资"。——编者注

的多次互动中，我注意到一些事情。

人们有时会被他们的金钱和财产所支配：他们要花费一生的时间来管理和照顾这些资产。金钱并没有让他们从忧虑和焦虑中解脱出来，他们用自己的财富建造和装饰了关押自己的"监狱"。因为他们害怕失去，所以无法逃脱。

我对待金钱的态度在很大程度上是对这一现象做出的反应：你的钱可以是你的好仆人，也可以是你可怕的主人。你真正该关心的是让金钱为你带来快乐、消除痛苦，而不是被其支配。

第二十一章

霍华德·林德森：
我倡导主动型投资

霍华德·林德森（Howard Lindzon）出生在加拿大的多伦多，现居住在美国亚利桑那州凤凰城，已婚，有2个孩子。他曾就读于韦仕敦大学（Western University）和亚利桑那州立大学（Arizona State University）的雷鸟全球管理学院（Thunderbird School of Global Management）。

霍华德专注于个人理财和自助投资方面的创新。他通过风险投资公司社会杠杆投资公司（Social Leverage）对初创企业进行投资。他是社交投资公司StockTwits的联合创始人兼董事长。

霍华德接受过包括彭博新闻社和美国全国广播公司财经频道在内的多家金融媒体的采访，他还写过几本书，其中包括《华尔街之秀：利用趋势获利——寻找、驾驭、脱离》（The Wallstrip^{TM} Edge:Using Trends to Make Money——Finding Them, Ride Them, and Get Off）、《股推投资前沿市场专业人士的40个可操作交易设置》（The StockTwits Edge:40 Actionable Trade Set-Ups from Real Market Pros）、《下一个苹果：如何随时拥有表现最好的股票》（The Next Apple: How To Own The Best Performing Stocks In Any Given Year）和《从8到80：未来收益会翻10倍的股票及人人可驾驭的趋势》（8 to 80: The Next 1,000% Stocks and Trends Everyone Can Ride）。

第二十一章

霍华德·林德森：我倡导主动型投资

作为一名风险投资家，我在日常工作中要面对很多风险。我的公司叫Social Leverage。我和我的合伙人投资处于孵化阶段的软件公司，主要关注金融科技创业公司。我投资的创业公司的产品和品牌，你可能听说过一些，例如金融交易平台罗宾汉（Robinhood）、e投睿（eToro）、投资数据终端软件Y图表（YCharts）、金融信息平台科伊金融（Koyfin）以及另类资产投资平台集投资（Rally Rd）。

同时，我也是StockTwits的联合创始人，我喜欢个股投资而不是指数基金投资。

我不相信真的有被动型投资。如果你每月都投资指数基金，那么你就是一个主动型投资者。你只是把主动型投资的部分交给了先锋领航投资管理有限公司或者贝莱德（BlackRock）等公司操作而已。

我把我的大部分流动净资产都投资在了我的Social Leverage的基金上。我也投资其他风险投资基金。

我妻子和我也拥有房地产，这是我们在Social Leverage之外最大的投资对象。

我还和查理·比莱洛（Charlie Bilello）合作成立了一家叫作复合资本顾问（Compound Capital Advisors）的金融咨询公司。查理是我在市场资产配置方面的财务顾问。作为商业伙伴，我们至少每周讨论一次市场情况，每月讨论一次市场资产配置情况。

查理使用低成本交易型开放式指数基金先锋基金和嘉信（Charles Schwab）基金为客户建立投资组合，并通过德美利证券（TD Ameritrade）进行托管。多年来，查理一直在撰写有关资产管理趋势的文章，并设计和建立各种投资组合。在与客户沟通、了解他们的风险概况和需求后，查理为他们建立了简单、低成本的投资组合。此外，查理还建立了更战术型的投资组合。

每个人都有独特的风险特性和时间需求。我女儿刚大学毕业，找了工作，马上要开始职场生涯。我儿子没有上大学，但有工作。现在，我妻子埃伦（Ellen）和我都没有了孩子的"拖累"，埃伦最近开始了房地产新事业。我们没有任何现金流方面的担忧，在投资方面非常激进。

我现在较少进行公开市场投资。其中一个原因是，我在金融服务行业逐步建立了一个自己熟悉的经验领域。我们这些在这个行业里的人很难长期做多面手（至少在我看来是这样），所以必

第二十一章

霍华德·林德森：我倡导主动型投资

须要构建属于自己的独特网络。牛市会扶植多面手，但我们还会遇到市场衰退、熊市和流动性不足的情况。构建自己熟悉的经验领域，能够帮助创业者及其团队在熊市中生存和发展，获得优势。如果我们不需要这种优势，那当然好。

我减少公开市场投资的另一个原因是，我在私募市场拥有独特而充足的知名度。我创立了"华尔街之秀"（Wallstrip）和StockTwits，并在孵化期投资了Robinhood和e投睿，当然我有自己的投资方向，但我也是个"网红"，有知名度。金融科技创始人会直接找到我。显然我在我的博客上营造出了这种氛围。要在StockTwits和推特上找到我很容易，我每天都在我的博客上分享我们正寻找的投资组合。人们知道我们在寻找什么，这也是这种平台的优势之一，可以为我每天的写作和生活带来帮助，足以在未来产生影响。

我的合伙人加里（Gary）建立了4家公司，其中一家已经上市，之后被他曾一起工作过4年的赛富时客户关系管理软件公司（Salesforce）收购。加里很了解现代公司应用软件，知道该如何发展团队和进行产品定位。

我的房子、Social Leverage、其他风险投资、我和查理合作的复合资本顾问公司，这些占了我的净资产的90%。

作为一名风险投资家，由于我的职业要面对高风险，投资对象缺乏流动性，因此，我倾向于将剩余的流动净资产以现金形式持有。在我的资产配置中，从来没有债券。我认为在零利率的世界里，债券没有意义——至少对我来说是这样。

最后谈谈我的选股和股票分配。在选股方面，我比较激进。我的投资组合贝塔系数①很高，在2020年5月几乎都是基于云计算的数字股票。我现在的50%是股票，50%是现金的资产组合让我觉得可以承受高贝塔系数，我的资产组合可以打败标准普尔指数。当恐慌指数（VIX）②飙升了30%时（在2020年的美国似乎一直如此），我仍有现金可用来投资股票。

我根据几个标准选择股票。这些股票对应的公司必须是快速成长的公司，股票价格通常处于或接近历史高点。在2020年5月，这些股票碰巧主要是纳斯达克证券市场中的股票。

我持仓一些核心股票，这些股票我已经持有了很多年，并希望继续持有下去。我将其称为"8~80岁股票"。发行这些股票的公司拥有从8岁到80岁的人都离不开的产品。目前，这个8~80岁股票的列表包括（它们也在我的投资组合中）：疾云（ZOOM，云视频服务公司）、亚马逊、网飞（Netflix）、耐克、腾讯、购范（Shopify，电商服务公司）、谷歌、苹果、万事达卡（MasterCard）、麦当劳和脸书的相关股票。

① 也称为β系数，是一种风险指数。β值越高，意味着风险越高。——译者注
② 指标准普尔500指数未来30天的隐含波动率。——编辑注

第二十二章

瑞安·克鲁格：
不同寻常，永不停歇

瑞安·克鲁格（Ryan Krueger）是克鲁格&卡塔拉诺证券公司（Krueger & Catalano Capital Partners，简称K&C）的联合创始人兼首席执行官。K&C成立于2006年，总部位于美国得克萨斯州休斯敦市，是一家独立的投资规划和私人资金管理公司。这是一个家族所有、家族经营的公司，为全国各地的家庭提供服务。瑞安于1996年从得州大学奥斯汀分校（University of Texas at Austin）毕业后，进入花旗集团，他从收发室员工做起，一直升至高级投资组合经理。瑞安将好友金（Kim）同意与自己结婚视为自己的命运转机。他们有五个孩子和两只狗，尽情享受他们生活中的点滴幸福。

第二十二章
瑞安·克鲁格：不同寻常，永不停歇

我与股票市场的关系有些不同寻常。自从我13岁时让我爸爸给我买了10股我想买的股票后，我就开始了我的投资生涯。

当我回首往事，想看看我为什么总是对股票感到好奇时，我发现，我对股票产生好奇的那个时刻绝对不是什么"茅塞顿开的时刻"或者少年得志的时刻，也许可以称为我命运的转机。因为出于某种奇怪的原因，我更喜欢不断提出问题，而不是回答问题。

我现在可以确定，在我小时候，无论我想要开展什么荒谬的研究，其中最关键的要素早在我开始研究前3个月就在脑子里扎下了根。为了挣到自己最初的那几美元，我不得不央求父母让我开始人生第一份暑期工作。父母教给我的最宝贵的投资课就是，我用来投资的每一分钱都要自己挣。从那以后，我每个夏天都要工作——并不是打零工或者挣零花钱，而是真正的工作。

35年后，我常常想，金钱对投资者们最大的戏弄，大概是让他们认为，比起工作，投资这个部分更重要吧。但是工作，不仅

让你增加资产,而且让你的人生更有目的。

在我看来,投资这件事从来都不是把某样东西放在某个地方,然后盼着发家致富。相反,每个人都能辛苦工作,获得额外的财富,然后将这些钱投入不同的行业,让它们一直发挥作用,才是不断吸引我的地方!

能自动收到股息

如今,我经营着一家投资规划和私人资金管理公司,我仍然喜欢承担调研工作,仔细做数学计算,问更多的问题。当你做好做坏都怨不得别人,而且严格遵守卖出规则时,问题很容易解决。

对我而言,我一直不像是在做什么投资,而是像在质疑一个需要不断调整的操作体系。可以肯定,我并不知道接下来会发生什么,这总是让我感到很兴奋,会不断地重新来过。我一直都很好奇,但建立投资业务的方法要和我们的指导原则的其他部分结合在一起,即我们要永远保持好奇心,永不妥协。

真正的挑战在于,在评估公司时,要有方法尽量剔除大多数公司。这必须是一个可重复的过程,可以不断地向数据提出更多

第二十二章
瑞安·克鲁格：不同寻常，永不停歇

的问题。我的基准很简单——选择的过程和选择的标准必须足够好，足以覆盖我的投资组合中100%的股票敞口。如果我一开始就是个不走寻常路的孩子，那现在的我无疑是更不按常理出牌，因为我在设计自己的投资组合时仍然只关注个股。但我始终认为，分散投资的风险其实比集中投资更大，太过多元化的资产配置反而会导致收益恶化。

作为公司真正的股东，我喜欢收到股息，也就是分红。我把它叫作"自动收到的钱"。判断任何公司是否值得投资的一个最佳指标就是，公司是否能不断产生越来越多的现金流。任何人都可以将这条原则应用到他们自己的投资计划中，因为投资计划本身就可以被看成是一个公司。投资者常常面临的最棘手的问题就是"我怎么知道这个投资行为是对是错？"如果总能获得现金股息，在我看来，投资就是对的。

几百年前，公司通过不断提高现金流水平来支付和提高股息，原因也正是如此。只有合作伙伴中的任何一方试图将事情复杂化时，投资才会变得混乱甚至更糟。是选择投资收益增长前景更好的公司，还是投资股息收入更多的公司？这个问题众说纷纭。我作为股东，总能自动收到股息，这就是最好的答案——能自动收到股息，这本身就是一个更持久、更简单的事实。股息就能帮助你实现收入的增长。

无风险投资

我要为我的家庭服务,要为其他希望进入这个家庭的人服务,这需要我围绕股票投资组合建立一套严谨的计划。所以,虽然我不认为无风险投资是一种投资,但我始终相信要随时做到有备无患。我有一个账户,里面全是上过保险的免税市政债券和现金。我不交易这些债券,也不预测利率。对这个账户里的钱,我不想冒任何风险。

内心的宁静

我的商业伙伴迈克·卡塔拉诺(Mike Catalano)对我的投资方式产生了重要影响。他在纽约出生长大,我们两人的生活背景完全不同。我们曾在全球最大的银行和经纪公司共事,彼此亲如兄弟。2006年,在一家国际煎饼屋(International House'of Pancakes,煎饼连锁店),我们两人坐在一起,没有什么难题或意外事件,没有顾问或会计,我们一拍即合。我们所需要的只是彼此的信任、一页白纸,以及点到天亮的灯。那天,我们决定逃离华尔街,成立我们自己的公司。我们在那天的那张白纸上写的

第二十二章

瑞安·克鲁格：不同寻常，永不停歇

规则至今仍然适用于我们的所有投资行为。

一个好的合作伙伴可以和对方一起相互提升彼此，帮助他人解答投资问题。迈克凭借独特的经验领导着我们公司的规划工作，他的平和心态影响了包括我在内的许多人。几年来，他与那些拿着精密计算器和锋利铅笔的精算师们一起进行深入论证。我们这个行业将长寿视为一种风险，而不是福分，对这种看法我们两人都非常反感。

在为公司退休计划的固定收益打拼多年之后，迈克对所有年金存在的偏差提出了系统性的质疑。他只找到了一家让他愿意把自己的钱投进去的公司，来建立固定收益个人养老金。我非常信赖他这番全面的工作，也由衷庆幸让他做了这件事。所以，我最后一个自己投资的账户是我妻子名下的终身年金账户。这个账户给我的内心带来了极大的平静。

我的"人生拼图"中最重要的部分并不是预先计划好的部分，而是一种难以置信的幸运——我深爱的女人，也就是我现在的妻子，同意嫁给我。她对钱不感兴趣，从来都是如此。我们有5个孩子，她全身心地投入到抚养孩子当中。我对她说："相信我。"但我欠她的不止这一句承诺。我的身体不错，再加上一点运气的话，我还有半辈子的时间可以用。我真的希望自己永远不退休。不过，如果我不能把我和我妻子的计划写在一页纸上，让她一下子就能看明白,那无论发生什么,对我而言都是失败。看到她完全不必担心终身的收入保障问题,我感到非常欣慰。

被低估的好投资行为

我做了一项令人紧张的投资——我对这个投资的前景一无所知。我想拥有一块土地,以便把我们的运营体系和信仰绑定在这里。当我们成立了一家独立公司时,我们的目标是拥有一栋属于我们公司的建筑。虽然这个目标看上去既昂贵又不实际,但我们不想再为办公场所付房租了。这也算是对股市表了个态:我们要在这个圈子里驻扎很长一段时间。我只有一个要求:这栋建筑必须离我家近。但这个要求让事情变得很难。我们找了一处在那时看起来相当糟糕的地方,决定把一切推倒重来,从头开始为公司建设家园,我知道我会喜欢它。不过,这个只有6分钟通勤时间的投资对我的生活质量带来了翻天覆地的改变,这一点的确让我始料不及。

第二十二章

瑞安·克鲁格：不同寻常，永不停歇

我的"欢乐账户"

能吸引我的奢侈品只有更多的选择、更多的微笑，以及宝贵的时间。我最喜欢的"资产配置"就是指导我的孩子们的体育团队。每个赛季我都会为他们拍摄视频。其中一季，他们的表现堪称奇迹。因为几乎没人能把他们的表现记录得更棒（哪怕我是个篮球迷也不行），我只好从美国职业橄榄球大联盟（National Football League，简称NFL）的摄制组聘请了一名专业人士来拍摄。后来，我租了最好的电影院，为我的孩子们的体育团队和整个社区举办了一场派对。我站在电影院放映厅的最后面，灯光熄灭后，我用纸巾藏起老泪纵横的面孔。

所有存储着那些录像的东西都被放在一个盒子里。这个盒子对我而言，千金不换。这绝非虚言，我说的就是，给我多少钱也不行。我们家遭遇过两次飓风袭击，全家被迫疏散时，我唯一拿走的就是这个盒子。所有的比赛都很棒，训练和赛场上的对话更有意思——我称之为战术讲解。我喜欢把这些时间投在我的孩子们身上，投在我们社区以外的其他许多孩子身上。任何投资都不会比制造记忆的投资更持久，所以，我会不断地向这个"欢乐账户"里"存款"。

我在职业生涯中做过的最好的事，就是减少内心的浮躁和对利益的过度追求。我不知道如何开展冥想，很期待有一天能学一学。目前，我的方法是闭上眼睛，满怀感激地吸气、憋住。然后，愉快地长出一口气。

我喜欢在我的公司和家庭之外有意识地为其他人投资，以此来支持我的事业。我喜欢捐钱给那些需要的人。但我喜欢投资不走寻常路的工作想法，这样的工作可以更长久地改变他人的生活。这是我唯一知道的方法，根据我人生第一次投资的经验，我永远相信工作的价值。我最喜欢的分红就是，有目的地分享金钱，点燃那些怀揣梦想之人的好奇心。

现在，若问我如何投资自己的钱，我会回答，我的投资永远围绕着我唯一笃定的目标：永不停歇。

第二十三章

拉泽塔·雷妮·布拉克斯顿:
从投资自己到因使命而投资

拉泽塔·雷妮·布拉克斯顿（Lazetta Rainey Braxton）是工商管理硕士、注册理财规划师，她是2050财富伙伴公司（2050 Wealth Partners）的联合创始人和联合首席执行官，该公司的使命是为大众提供财务规划服务。她相信，可靠的理财建议并不只是为少数富人准备的。她与小企业主、事业有成的专业人士和上有老下有小的"财富捍卫者"们合作，为他们建立和稳固自身的财务基础及遗产。

拉泽塔是全美国公认的金融专家，曾做客美国全国广播公司晚间新闻和美国全国广播公司财经频道的"收盘钟"（Closing Bell）节目。她是美国全国广播公司财经频道数字金融顾问委员会的成员，也是《华尔街日报》金融专家博客的撰稿人。

拉泽塔因其在财务规划领域的领导能力和奉献精神而受到广泛认可，并入选《投资新闻》首届"值得关注的女性"榜单，获得"多样性和包容性卓越奖"。她还获得了非裔美国人财务顾问协会的领导力传承奖和美国财务规划协会颁发的财务规划核心奖。

第二十三章
拉泽塔·雷妮·布拉克斯顿：从投资自己到因使命而投资

我的第一笔投资投在了我自己身上。在金融术语中，这种投资，或者说这种投资的对象叫作人力资本。所谓人力资本，是指你利用自己的技能、知识和经验为一个组织带来价值，促进该组织在财务上的成功。虽然我在早年间并不知道这个词，但我知道，赚钱的方式就是做个有价值的员工。而金钱，是幸福生活的关键。

在我成长的过程中，家里钱很少，也不存在金融投资这回事。我的父母努力工作，对我们的爱毫无保留。他们都只有高中文凭，全靠自己的本事挣钱。我父亲是建筑工人，一直干到现在。母亲起初在工厂当工人，在我成年后她成为一名执业护士。上高中后，我很快意识到他们的收入不足以支撑一个五口之家。他们用信用卡来弥补收入的不足。信用卡欠款的高利率扼杀了他们在经济上取得成功的机会。

我16岁时找到了第一份工作，几周之内，我又同时做起了第二份工作。我决心减轻家里的经济负担。我算是有一些天赋，即使同时做着两份工作,仍然成绩优异、体育出色,而且领导着学生社团的活动。高中时期的人力资本建设对我将来成为大学生很有帮助。

鉴于我们家的财务状况,我十分痴迷于学习一切关于个人理财的知识。我所在的高中并没有开设个人理财课程。因此,我选修了会计学,因为我对数学、商业和财富很感兴趣。

读高三时,我在报纸上看到了一份公告:一名黑人女性获得注册会计师执照。这样一条发生在我的家乡弗吉尼亚州农村的历史性新闻,坚定了我追求金融事业的信心。我下定决心,要找到一份能教会我理财、薪水高、改变我和我父母财务轨迹的职业。然而,到底怎样才能付得起大学学费,对我来说仍然是个谜。

一所二类大学为我提供了全额篮球奖学金。鉴于我们家的经济状况,我父亲强烈建议我接受这个入学邀请。然而,我没有采纳他的建议。我婉拒了邀请,决定去一所一类院校,和富有的学生一起学习。我相信,那些富有的学生可以向我展示金钱的力量和通向财富的道路,让我在自己的社区中发挥作用。我的家人和亲戚对我的拒绝感到失望,尽管如此,我仍然认为这是一个正确的决定。和上高中时一样,我在大学期间做了两份工作,既要负担我的高等教育费用,又要保证完成大学学业的要求。

我去弗吉尼亚大学(University of Virginia)的麦金太尔商学

第二十三章
拉泽塔·雷妮·布拉克斯顿：从投资自己到因使命而投资

院（McIntire School of Commerce）学习的决定得到了回报。我投资了我自己，让自己接受了高中及高等教育，丰富了自己的知识储备，培养了自己的技能。这为我在美国企业界取得成功创造了机会。

从弗吉尼亚大学毕业一年后，我遇到了我现在的丈夫，并订了婚。第二年，我们结婚了。这是我对自己的第二个投资，也是对我们两人的投资。我们两人都有学生贷款以及其他经济负担，我们保证会尽快还清债务。我们打算自己拥有一笔应急资金，我们称之为"见鬼去吧（Go to Hell，GTH）"基金——这简直成了我们两人的口号。我们在结婚不久后就意识到，我们两人都渴望职业上的灵活性，但我们必须要考虑到我们在美国的就业风险，以及社会上不可避免的多元化和包容性问题。此外，如果父母需要帮助，我们也希望在经济上支持他们。

我们的计划有了效果。我们按照债务偿还计划，在4年内还清了4万多美元的债务。这并不容易，但我们坚持按照计划执行：我们靠一人的收入生活，用另一人的收入偿还债务和储蓄。财务上的谨慎也为我们的婚姻奠定了良好的基础。

我们一直在有条不紊地增加财富。像大多数初级投资者一样，我们的公司有雇主退休金计划，我们和雇主向雇主退休金账户中配比缴存资金。我们还及时了解了与投资相关的税法。我们结婚那年，美国通过了《1997年纳税人救济法》（*Taxpayer Relief Act of 1997*）。该法允许个人将递延税退休基金转入税后罗斯个人退休金账户，并将转入的相关应税收入分摊到两个纳税年度。我利用了这个机会，把前雇主的退休金计划资金转到了我的罗斯个人退休金账户中。

罗斯个人退休账户允许自己选择投资方式，而不是像401（k）账户那样，只能遵照雇主提供的投资菜单进行投资。我选择了一个注重社会意识、由女性掌握的基金家族，多米尼基金（Domini Funds），作为我的投资对象。作为一名独立的女性投资者，这次的理财业务让我感觉自己非常强大！

1998年，我去了一家投资管理公司做行政助理兼投资组合管理人，并选择投资该公司的共同基金。这是我和我丈夫第一次共同进行个人投资。结婚不到两年，我们就有了一个储蓄账户、一个债务偿还计划、一个应税投资账户、一个罗斯个人退休金账户和一个401（k）个人退休账户。

当我们开始因各自的演讲和咨询业务获得收入时，我们不断地充实个人401（k）账户［也就是i401（k）账户］。当我们换工作时，我们把前雇主的雇主退休金账户和递延税项的个人401（k）账户合并了起来。因为罗斯个人退休金账户不能合并，所以我们保留了各自的罗斯个人退休金账户。

第二十三章
拉泽塔·雷妮·布拉克斯顿：从投资自己到因使命而投资

在过去的20多年里，我们用过、又再次补充过我们的"见鬼去吧"基金，我们的这个基金至少能让我们支付得起6个月的支出。几年来，这笔基金的余额不断变化。我们经常搬家，生活成本因为住所的变化而变化，我开始创业，以注册投资顾问（Registered Investment Advisor，简称RIA）的身份开了一家收费金融规划公司。我们首选的缓冲储蓄是上过联邦存款保险公司（Federal Deposit Insurance Corporation，简称FDIC）的保险的货币市场账户，当国债的收益率有吸引力时，我们也买国债。我们也设立了医疗储蓄账户并进行缴存，这也是一种低收益投资。

关于大学、纳税、退休方面的投资，我是指数基金投资的坚定拥护者。我以指数基金投资为核心投资，同时也有包括房地产、股票、企业所有权在内的周边投资。我加入了节俭储蓄计划（Thrift Savings Plan，简称TSP），该计划持有我的指数基金投资。节俭储蓄账户是为联邦雇员开设的退休金账户，管理着超过5000亿美元的资产，是所有金融机构中费用最低的之一。我丈夫的主要退休金账户是在MMBB开设的，这是个为神职人员提供的退休金计划。这个退休金计划为神职人员在退休时提供住房津贴。根据当时的《美国联邦税法典》（*U.S.Internal Revenue Code*）的规定，住房补贴不需要缴纳普通所得税。我女儿的529大学储蓄计划账户是在纽约的529大学储蓄计划下设置的，这个账户持有先锋领航投资管理有限公司的指数基金。

我们的个人401（k）账户、个人退休账户和我女儿的科弗代尔教育储蓄账户[①]（Coverdell Educational Saving Accounts）主要持有我们熟悉的公司的股票。我们熟悉这些公司的产品和服务，并关注这些公司的表现。我还在罗斯个人退休金账户中加入了同事推荐的股票。我持有其股票的一些公司破产了。我冒险尝试了两家分处不同行业的公司，他们的理念看起来很棒，但执行起来却没有发挥出应有的潜力，也没有在市场趋势变化时及时做出调整。这两家公司服务的市场，我都没有密切关注，只是跟随大众的行为，人云亦云地买了它们的股票，还没来得及卖出却已经被套牢。多元化投资的力量一直在平衡投资的收益和损失！

我们的房地产投资中只有一个目标资产——我们以前的主要居所。我们把马里兰的房子租了出去，收取房租。这所房子是我们的净资产，我们计划将其作为退休后的居所，当然也可能在未来继续出租。写这篇文章时，我们住在纽约，在纽约租房。

在人力资本和金融资本之间架起桥梁，揭示出一个重要的结论：我和我丈夫的职业生涯在我们两人的婚姻关系中起到了不同的作用。我丈夫收入稳定、工作风险低，主要投资债券。我作为

[①] 一项设置在美国的信托或托管账户，专为指定受益人支付合格的教育费用。——编者注

第二十三章
拉泽塔·雷妮·布拉克斯顿：从投资自己到因使命而投资

一名企业家，代表的是风险较高的股权投资。2008年，我选择了一种不走寻常路的商业模式——为那些认为自己支付不起金融服务费用的中等收入客户提供按服务收费的金融咨询服务。我在楼市出现危机时创建了这家公司，让我们的家庭投资承担更多的风险。我们经常搬家，这导致我不断地重建客户群。

现在，房地产的走势变得对我有利了。我和一位志趣相投的有色人种女性企业家合作，经营收费金融规划业务。我们的公司，2050财富伙伴公司在纽约和马里兰都设有办公室，基本上只做收费金融规划服务。我的商业伙伴和我都相信创新，我们把赌注押在对未来的承诺上，并认为这是我们一生中最好的投资行为！我们还有幸为我们的客户指导人力资本和财务资本的投资。这是双赢的合作。

我们成立2050财富伙伴公司的初衷，是为那些不受企业雇主和华尔街人士重视，或者未享有足够服务的人提供指导和解决方案，这些人都是像我们这样的人，像我们的家庭和我们社区中的成员这样的人。我们的愿望是通过促进人类进步来缩小贫富差距。

作为失落的一代（Gen-Xers）[①]，我丈夫和我始终保持警

[①] 指1965年至1980年出生的人。——译者注

惕，崇尚谨慎地使用人力资本和收入的宗旨，以维系一种愉快和舒适的生活。我们是有奉献精神的夫妻，是一个女孩的父母，是热心寻求改善人类状况的专业人士，我们渴望全身心地投入到自己的使命之中。令我们满怀感恩之情的是，我们两人的价值观一致，从一开始就为我们家的财务灵活性奠定了基础。我们盼望，我们的劳动成果在余生和子孙后代中都能得到回报。

第二十四章

玛格丽塔·程：
机遇属于每一个会抓住它的人

玛格丽塔·程（Marguerita Cheng）是蓝色海洋全球财富投资咨询公司（Blue Ocean Global Wealth）的共同创办者兼首席执行官。在创立Blue Ocean Global Wealth之前，她曾在阿默普莱斯金融公司担任财务顾问，在东京东和证券公司担任分析师和编辑。她过去曾担任美国退休者协会财务自由运动的发言人，也是互联网投资教育平台投资百科（Investopedia）和《吉普林格个人金融杂志》（*Kiplinger*）的定期专栏作家。她是注册理财规划师、特许退休计划顾问、退休收入认证专业人员和注册离婚金融分析师。

作为注册理财规划师标准委员会大使，玛格丽塔协助委员会对公众、政策制定者和媒体进行金融理财教育，指导大众了解高效、诚信的理财规划的好处。她还是妇女自立倡导者、注册理财规划师理事会的学科专家。

玛格丽塔是著名的日本文部科学省奖学金的获得者。2017年，她在《投资新闻》评选的"最值得关注的100位女性财务顾问"榜单上排名第三。

第二十四章
玛格丽塔·程：机遇属于每一个会抓住它的人

我爸爸给我的最有价值的人生建议就是"判断一个人的高度，不是看他拥有什么，而是看他成就了什么、学到了什么。"这是我在职业和家庭生活中一直遵循的座右铭。

金钱不该成为人生抉择时唯一要考虑的因素。我爸爸在理财方面的智慧和洞察力教会我采取一种平衡、全面的方法来处理财务问题，对此我永远感激他。

当年，我爸爸一家离开故乡江西来到台湾。20世纪60年代，他从台湾大学毕业，名下的财产只有17美元，衣服只有身上穿的。尽管物质上很匮乏，但他从不认为自己贫穷。

他坚持认为，金钱虽然买不到幸福，但的确能让人安心，给人提供一定的自由和灵活性。我的耳边时常响起我爸爸说过的话："无论怎么样，明人都不做暗事。不要花钱剥夺别人宝贵的机会，或者花钱伤害你爱的人。"

讨论财务问题会给伴侣带来压力。许多人宁愿默默忍受，也不愿谈论个人的财务困境，默默地忍受着身处财务困境或做出糟糕财务决定带来的羞耻感。

在美国文化中，金钱在方方面面——包括职业和个人生活中——都扮演着重要角色，不仅会影响我们看待自己的方式，也会影响我们期待他人看待我们的方式。

根据人们的体验和价值观，金钱在不同人眼中的意义也不尽相同。我的父母经常开玩笑说，他们从不为钱争吵，因为根本没有什么好争吵的。我的父母刚买下他们的第一栋房子时，甚至连再买一桶油漆的钱都没有了，但他们两人的确开诚布公地讨论各自的信仰、想法和处理事务的优先级。

我从我爸爸那里学到的另一个智慧是，既要及时把握时机，又要防患于未然。

关于我爸爸，我最欣赏的是他在参与金钱方面的讨论时所展示的能力。我姑姑意外去世，留下了4个孩子，是我爸爸支付了她的葬礼费用。我姑父问我爸爸能不能借他些钱给自己办葬礼，我爸爸回答说："不用借，这笔钱我会给你的。你现在不用操心这些事。"

我爸爸既不说教也不责骂，但他利用这个机会教我如何拟定遗嘱和筹划葬礼。人们可能认为，只有富人才需要立遗嘱，但事实是，每个人都应该起草一份遗嘱。遗嘱概述了你的愿望，并且消除了你离世后带给其他人的猜测。

第二十四章
玛格丽塔·程：机遇属于每一个会抓住它的人

我爸爸给我看了他为自己和我妈妈购买的人寿保险。他教我怎么打开保险箱，怎么找到遗产规划文件，这样我就能在他发生意外的时候用人寿保险金照顾妈妈。他主张用积极的态度应对严肃的问题。因为，即便你不买人寿保险，不肯去想"万一"，并不意味着"万一"就不会发生。

这份智慧，我在与客户谈论这类令人不安的话题时，也无形中传授给了他们。

在获得东亚语言文学学士学位后，我获得了日本文部科学省奖学金，进入庆应义塾大学，在日本东京工作。作为一名为讲英语的投资者们撰写时事通讯的编辑兼翻译，我充分运用了自己的沟通和分析技巧。

我希望将我在公司财务中学到的概念，比如健康的资产负债表和牢靠的现金流量表等，应用到个人和家庭理财规划中，让人们在管理正向现金流的同时保护和提升自己的净资产。

我关于金钱的理念也决定了我的投资方式。我喜欢让自己的投资计划具有灵活性和纪律性。我试图让我的储蓄和投资计划自动运转。我甚至在大学毕业前就开始参加401（k）个人退休计划了。

我对投资一直持长远观点。我认为税收多元化和投资多元化同样重要。拥有递延税、免税和应税账户都很重要，这样可以方便为应对税率的变化做计划。我不是那种做完账户设置就忘到脑后的投资者，但也不是那种天天盯着账户交易的投资者。每个人的投资组合都需要细心呵护。

财务规划并不意味着你能完全规避市场低迷，但它确实能让你心安，让你有信心熬过困境。

有时候，我觉得人们总爱把事情复杂化。我并不倾向于过度乐观或过度悲观，我的客户们非常欣赏我这一点。我相信理财的简单三要素：成本平均、免税的增长、金钱的时间价值。

我还记得当我了解了529大学储蓄计划，并为我的每个孩子设立了一个相应的账户时，心里有多么兴奋。进入金融咨询行业后，我从2003年开始走上了创业之路，因此，我先是利用简化员工养老金个人退休账户（SEP IRA），之后又利用个人401（k）账户来为退休存钱。

我强调教育的重要性，不光体现在教育客户上，还体现在教育后代上。如果我们认为让孩子学习文化知识天经地义，为什么不教育孩子们如何理财呢？研究表明，美国人的财务知识水平普遍较低，在现实生活中应用财务决策技能方面普遍存在困难。我主张学校开展金融知识教育。孩子们需要稳固的社会团体，帮助他们在金融知识素养方面缩小与专业人士之间的差距。作为一名家长，我为我的孩子们营造了一个开放的对话环境。当他们问起

第二十四章
玛格丽塔·程：机遇属于每一个会抓住它的人

财务问题时，我会用日常生活中的例子来解释，比如解释预算的概念，还有缴纳水、电费的概念等。

老实说，"金融知识"这个词听上去可能会令人感到不容易接受。我更喜欢用"树立金融信心"和"投资者教育"这两个术语。毕竟，我们都可以为自己的未来树立信心。

我的父亲是华裔，母亲则在美国出生。成长在这样的家庭中，我接触到了欧美和亚洲的许多不同的刻板印象。关于如何成为一名成功的职业女性这一话题，我在成长过程中接受了各种复杂、交织的信息。事实上，我要兼顾女儿、妻子、母亲、照顾者、专业人士多个角色的职责，这教会了我追求平衡，而不是完美。

当我刚开始进入金融规划行业时，和我一样的年轻职业女性很少有人拥有自己的小家庭，更不用说我还是一个有着多元化背景的女性了。我知道，其他人也知道，我的胜算不大，但10年后，随着我的成功，那些被认为是负债的东西变成了资产，这也成为激励金融规划领域的其他年轻职业女性的动力源泉。

如今，年轻女性仍然经常听到这样的信息：挣钱养家是男人的事。这种想法让女性疏于思考，不知道在需要承担照顾者的角色和（或）经济独立时会发生什么。经济平等和经济独立对女性同样重要。对于那些寻求富裕生活、希望积累财富的女性而言，拥有正确的投资技能是关键。无论女性的婚恋状况如何，是单身、已婚、离婚或丧偶，都要在经济生活中发挥更积极的作用，这一点非常重要。通过在经济生活中扮演更积极的角色，女性将更加思路清晰、充满自信，更能掌控自己的生活。要做到这一点，女性需要尽可能多地了解金钱和理财。像我爸爸一样，我也把这些价值观传授给了我的女儿们。

对于我的客户，我向他们以及他们所珍视的人承诺"4C原则"：明确（Clarity）、自信（Confidence）、控制（Control）和勇气（Courage）。明确是指，我会帮他们明确可供选择的选项。我希望客户专注于对自身最重要的事情。自信是指，我要让客户充满自信地规划未来，知道他所采取的措施是正确的。例如，如果选择一次性领取而不是按月领取养老金让客户寝食难安，那他们就需要做与自己的目标和风险承受能力一致的事。控制是指，一种客户能够控制的感觉。你无法预测股票市场的表现，无法预测利率，但你可以控制自己储蓄、消费、投资和应对种种财务情况的方法。勇气是指，拥有提出问题和寻求帮助、不担心被别人评判的勇气。

对我而言，成为一名注册理财规划师让我感到非常欣喜，因为我有机会改变他人的生活、对我的社区产生积极的影响。金融规划是智力上的刺激，情感上的满足和财务上的回报。

第二十五章

亚历克斯·查勒基安：
弄清财富对你来说意味着什么

亚历克斯·查勒基安（Alex Chalekian）是湖畔大道金融顾问公司（Lake Avenue Financial）的创始人兼首席执行官。20多年来，他一直致力于帮助客户实现自己的财务目标。他兢兢业业地协助客户明确自己的财务目标，制订全面的计划，建立和管理各项财务资产，最终实现客户的目标。

亚历克斯在自己的职业生涯中，指导了许多顾问转变和发展自身的业务，并在金融行业取得成功。经过多次并购，他的公司已成为业内增长最快的顾问公司之一。

亚历克斯获得了佩珀代因大学的工商管理学位。他于1997年进入金融规划行业，并于2003年创立查勒基安财富管理公司（Chalekian Wealth Management）。2014年，他又创办了Lake Avenue Financial，这是一家位于加利福尼亚州帕萨迪纳（Pasadena）的注册投资顾问公司。

工作之余，亚历克斯会将精力投入到家庭、朋友和社区之中。

第二十五章
亚历克斯·查勒基安：弄清财富对你来说意味着什么

我在一栋充满爱的房子里长大，不过，我们家并没有多少钱。我的父母都是勤劳的人，但他们的收入只勉强够让我和哥哥过上体面的生活。

我母亲在1970年随她的父母来到美国，那时的她还是个十几岁的姑娘。我父亲是1971年来美国的，那时他已经快30岁了。他们两人在洛杉矶结识，很快决定结婚成家。我哥哥和我是家中第一代在美国出生的人。

孩童时期，我们兄弟两人完全无法理解我们的父母和祖父母为了给我们创造一个安全、健康的成长环境而做出的牺牲。他们抛下一切，决定在美国开始新的生活。他们认为这是一片充满机遇的土地。

我的外祖父是我们家的顶梁柱，他多才多艺，初到这个国家时，也能低下头白手起家。他和我的外祖母和母亲一起，不畏辛劳，什么工作都做。很多时候，他们一天要打好几份工，才能勉强糊口。几年下来，我的外祖父攒钱开了一家小餐馆。这是我们的家族在美国开创的第一个生意，他们下决心要干出名堂来。我的父亲是独自来美国的，他也同样多才多艺，有一双巧手，所以很快就在洛杉矶市中心的一家珠宝行找到了一份工作。

我的父母结婚后，我的父亲继续在洛杉矶市中心工作，我的母亲则开始当老师。几年后，他们终于攒够了钱，在加利福尼亚州的里西达（Reseda）买下了他们的第一栋房子，这就是我哥哥和我长大的地方。我们的房子并不是那一带最豪华的房子，我们住的也不是最好的社区，但我的父母因为实现了拥有房子的"美国梦"而深感自豪。

我为什么要带着你回忆这段过去的时光呢？

因为，在我看来，要想理解人们为什么要投资、为什么想要以某种方式投资，了解他们的生活背景和他们对个人理财的初次体验尤为重要。弄清金钱对他们意味着什么，他们最初的财富体验是什么，这一点至关重要。

财富对不同的人意味着不同的东西。不过，在目睹了我的家庭多年的艰苦生活后，财富对我而言意味着经济独立。随着年龄的增长，我的认识有所提高，财富在我眼中有了完全不同的含义。如今，财富对我而言意味着健康、时间和选择。

1997年，当我意识到自己对投资和个人理财的兴趣时，我决定追随自己的热忱，加入金融行业。那时我21岁，正在为成为一

第二十五章
亚历克斯·查勒基安：弄清财富对你来说意味着什么

名会计而学习。那时我认为，当会计就是我余生要做的事。

然而，当我一边上大学，一边在一家会计公司工作时，我很快发现，当会计并不是我的使命。我意识到，应该选择一条令自己兴奋、能激励自己茁壮成长的职业道路。18岁时，我就开始投资个股，高中毕业后还买了几只共同基金。大学期间的经济学课进一步让我下定决心，投身投资领域。

大学期间，我勤工俭学，挣了一些钱，用于投资。到20岁时，我"小打小闹"，有了一个小规模的投资组合，并开始阅读《华尔街日报》和《投资者商业日报》（*Investor's Business Daily*）。对我而言，做财务顾问似乎是水到渠成的事。毕竟，我当时还年轻，如果在金融业发展得不顺利，总可以尝试别的职业道路。就算不干金融这一行，我还是会学到很多知识和经验，可以利用这些为自己的生活服务。

一开始我就意识到，让自己的投资选择和给客户的建议保持一致非常重要。无论是建立退休金账户，还是投资股票和共同基金，都要如此。我在职业生涯早期没有赚很多钱，所以向罗斯个人退休金账户中存的钱不多。我选择用这个账户的资金投资共同基金。我意识到分散投资和投资主动型管理的共同基金的重要性，并且共同基金5000美元的缴存额度对我来说很说得过去。

我还有一个应税券商账户，里面有几只股票和共同基金。我每个月定期往这个账户里存钱。定投可能很无聊，但它对投资者很有效。我迅速发展了这个投资组合，磨炼了我的技能。跟踪股票、阅读公司财务报告和跟踪金融趋势，做这些事让我觉得充满乐趣。我很幸运，当我的大多数朋友还在努力思考这辈子能做点什么时，我已经很清楚自己想做的事了。

时光荏苒，20多年过去了，我的投资组合看起来变化很大。这主要是因为，我最大的资产和我的金融规划业务这些年来一直在发展。我对客户的竭诚服务不但推动我的公司健康发展，还为我带来了收购其他小型业务的机会。2005年，我开始做功课，为公司的第一次收购做准备。我很快就明白了这类交易的计算细节，如果收购成功，这将是我最好的投资行为之一。弄清这一点后，我开始寻找卖家，并在2008年完成了第一次收购。

2008年以来，我又获得了几次收购机会，并且经过评估，完成了几笔合适的交易。我很快意识到，现金流是实现财务自由的关键。所以，在我职业生涯早期，大约2000年前后，我格外关注收费金融规划和资产管理业务。

截至我写这篇文章时，我大约将自己80%的资产投在了我公司的股票上。这个比例起初是30%，随着时间的推移稳步攀升。我知道，许多理财顾问读到我这篇文章时都会暗暗摇头。我们告诉我们的客户要多样化，告诉他们要逐渐减持占资最大的股票，

第二十五章
亚历克斯·查勒基安：弄清财富对你来说意味着什么

以降低整体风险。当他们公司的股票大幅下跌时，我们会想出一些策略来减少他们的投资损失。如果我没有机会做投资收购，我会有一个包含公开交易的股票和交易型开放式指数基金在内的更大的投资组合。

我的公司不是上市公司，所以它的资本流动性弱、没有公开市场能让我出售股票。相反，这就像我的小企业主客户们，他们的生意已经占到他们净资产的很大一部分，他们正在等待时机成熟时套现退休，颐养天年。当你和这类客户谈论投资时，他们可以向你展示，他们将资金再投资到自己业务中更加有利可图。更重要的是，他们觉得这么做相当于自己掌控了命运。毕竟，当你观察世界上最富有的企业家们时，很快就会发现一个规律：他们最大的资产不是自己创办的企业，就是自己公司的股票。

对我而言，为了有机会收购其他业务，尽量多地持有现金至关重要，否则我可能需要清算退休金账户之外的一些股票来获得现金。我的思路很简单：这些收购产生了巨大的现金流，以及我能够掌控的巨大投资对象。

我们来看看下面这个例子：

顾问×创造的每期收益为10万美元，该顾问已决定退休。

顾问×的业务售价为25万美元（在这个例子中假设为每期收

益的2.5倍）。

我用可调用的现金或我的一些投资对象以25万美元的价格聘请了顾问×，并迅速将其转化为10万美元的额外收入。

假设我已经有了基础设施，没有产生什么额外的收购费用，所有的收益都应该达到我的底线预期。在这个例子里，它相当于40%息票率的债券。你可以利用这些收益现金流进行另一项收购，许多人在投资房地产时就是这么做的。几年下来，滚动产生的复合效果可能是巨大的。

我将80%的资产放在我的业务上，剩下20%的资产组合是现金、个股、交易型开放式指数基金和共同基金。我不认为有必要在主动型投资和被动型投资之间做出选择。这完全取决于你打算做什么，你可以根据自己的需求选择其一，或两者都选。

到目前为止，在我的投资组合中，我的股票配置是个股和交易型开放式指数基金，固定收益投资部分则是共同基金。像交易型开放式指数基金这样的被动型投资产品是我用退休金账户中的资金投资的首选。它可以保持很低的成本，更重要的是，这些指数基金的投资期限都很长，可以阻止我忍不住想交易它们的企图。在我的非退休金账户中，我更喜欢放入个股和主动型基金。股票并不总是上涨，如果我想面对损失，我希望能够有办法对冲

第二十五章
亚历克斯·查勒基安：弄清财富对你来说意味着什么

损失。我可不能在退休账户里做这些事。

如果你是一名企业家，你很快就会明白，金钱只是达到目的的一种手段。有能力照顾和供养我的家庭是我的首要任务。正如我之前提到的那样，我对财富的定义是健康、时间和选择。金钱是一种必要的工具，可以帮助我保障家人的健康，给家人时间去做他们喜欢的事，并且让他们在生活中有选择的能力。

不妨花点时间去发现，财富对你来说究竟意味着什么。一旦弄清楚了这一点，你的心中就有了蓝图，就能一步步为创造更快乐的未来奠定基础。

总结

总 结

不要告诉我你是怎么想的，直接告诉我你的投资组合里有什么就行。

——纳西姆·尼古拉斯·塔勒布

（美国知名金融界人士，风险管理理论学者，企业家）

有句话说得好：个人理财更关乎个人而非理财。这句话有点卖弄文字之嫌，却也揭示出一本正经的金融专家们很少提及的事实：理财的方法没有唯一正确答案。

所谓正确的方法，起源于将数学方法应用到现代金融领域的时期。当时，关于最优投资组合、有效市场、证券定价等的学术理论受到广泛认同，理性投资者凭借这些知识提高了投资效益。

金融业看起来高端，但在这层朦胧的面纱之下，其实是一系列关于明智储蓄、理性借贷和谨慎消费的朴素道理。总之，金融行业自有一套"交通规则"，我们应该遵守。

然而，各种非经典的理论层出不穷。当经典的理论和简单的规则与个人、家庭的真实生活相互作用时，可以说，管理金钱这件事就变得错综复杂起来了。

这本书是一个短文集，文章的作者都是致力改善他人财务生活的理财专家，都深谙经典理财之法。

显而易见的是，金融行业的从业者管理资金的方法更像是一幅印象派画作，而非教科书上的图表。正如纳西姆·尼古拉斯·塔勒布建议的那样，要想真正了解一个人管理金钱的思路，就必须看他如何将自己的钱投入到这场投资游戏之中。这本书和我们以往熟悉的投资类书不同，这本书中的每一位作者都在向你讲述他们自己的投资组合。

在和书中的每一位作者约稿时，我们几乎都没有给出明确的写作指导意见，只是将乔舒亚（本书编著者之一）的原创博客分享给他们，并请他们写出自己的心得，情况就是这样。这些作者们的故事涉及方方面面，不仅仅是投资本身，还有支出、借贷、储蓄、赠予等。

这些作者们写出来的都是故事，都是关于希望、挫折、快乐、挣扎、欲望和成长的故事，是人类的故事。罗伯特·西莱特讲述了一个关于小木屋的传奇故事。达萨特·扬威娓娓道出他的家族从非洲到美国的艰辛之路。卡罗琳·麦克拉纳汉和阿什比·丹尼尔斯和我们分享了他们童年时的艰苦生活如何推动他们长大成人。

金钱自始至终，都是我们人生旅途中不可分割的一部分。

首先，我们都有困难要克服，都有账单要支付。通过阅读这些故事，我们看到书中的作者们同样有孩子要抚养，有家庭和社区要支持，有事业要打拼。我猜，几乎每一位读过这本书的人都至少会在某一篇文章中找到自己的影子，会在心里说："这就是我。"

在我读这本书的时候，有几个主题格外引起我的共鸣——当然，我相信其他人会有他们自己的理解。

第一，金钱可以买到幸福。是的，我就是这么认为的。当然，这在很大程度上取决于我们对幸福的定义。事实是，金钱的确可以解决问题、减轻痛苦和遗憾，可以买到短暂的兴奋和长久的乐趣。乔舒亚·D. 罗杰斯从他的艺术品收藏中获得乐趣，谢尔·彭尼从他养的马身上获得乐趣，但他们和其他所有作者一样，都以这样或那样的方式谈论了财务上的灵活自由带来的新机会。虽然只有瑞安·克鲁格特别提到了"内心的宁静"，但并不只有他意识到，明智地理财和工作——虽不能百分百保证——但的确有可能让我们获得内心的宁静。那些分享了自己的故事的作者让我深受感动，他们渴望创造美好的未来，不仅仅是为了他们自己，更重要的是为了下一代。在这些故事中，金钱的作用和人生的意义之间的交集是显而易见的。

第二，金钱是我们的价值观和角色的体现。我不认为还有什么能比金钱更能说清楚这件事的了。金钱其实是一种语言，我们可以用它来展现真实的自我，以及我们渴望成为的自我。当摩根·豪瑟铿锵有力地阐明财务自由的重要性时，实际上是在代表大多数想按照自己的方式生活的人发声。对珀斯·托尔而言，金融市场是她表达世界观的一种方式，她的业务和投资组合就是她的世界中指明方向的北极星。乔舒亚·布朗分享的故事清晰地阐明了他的那些投资如何与他的价值观和人际关系紧密关联。书中的许多作者都表达了对自己事业的热情。

第三，"金钱神话"影响很大。正如布莱尔·杜奎奈在他的文章中阐明的那样，我们的成长经历对我们的影响难以磨灭，这其中就包括和金钱相关的经历。我们继承来的对金钱的认识——"金钱神话"，或者我们自己参与"创作"的"金钱神话"，对我们的人生决策和态度产生的影响恐怕比蒙特卡罗模拟算法[①]算出的结果更大。莱汉妮·米珂生动地描述了她的成长经历和她目前热情帮助他人之间的关系。对于玛格丽塔·程和亚历克斯·查勒基安而言，家族的历史为他们走向财务管理的职业之路提供了

[①] 也称统计模拟方法，是一种以概率统计理论为指导的数值计算方法。——编者注

总结

力量。黛比·弗里曼的职业之旅既困难重重，又充满希望。每个人的背景故事都影响到了他们当前的决策。

第四，金融资本只是我们拥有的一种资产。在一本关于金钱的书中，有几位作者写到了人力资本，这很能说明问题。我们每个人都有抱负，需要多种工具来实现自己的理想。没错，钱包很重要，但我们的大脑和交际网络也很重要。拉泽塔·雷妮·布拉克斯顿在文章中写到了对自己的投资，这就是她的人力资本，她通过投资自己来打造美好生活。丹·伊根也是如此。霍华德·林德森、泰德·西德斯和我则利用我们的社会资本来寻找更好的机会。本书的书名，《像投资专家一样思考》，为我们打开了一扇门，开拓了我们的思路，帮助我们更好地思考自己的发展之路。

第五，过程很重要，专业知识同样重要。书中的这些章节非常实用。我们观察了储蓄、选股、投资组合的构建、税务管理和退休计划这些话题的详细技术细节。尼娜·奥尼尔讲述了她资助孩子教育的策略。克里斯汀·本茨在她的职业生涯中始终追求简单，建立了有效的投资组合。许多作者谈到了详细而具体的退休策略。故事也许能给人灵感，但构成这些故事的词句是有规则可循的。同样，金钱也有自己的"语法"，只有学好它，才能用好它。编辑这本书的一大乐趣就是亲眼看到这些我非常尊敬的人如何构建流程，解决问题——而这些问题是我们每个人都会面对的。

第六，投资是一门需要技巧的（也是个性化的）艺术。我是从基金评估经理的工作中成长起来的。几十年前的这条正确的理念在今天仍然正确：挑选股票、债券和建立投资组合的方法并不是唯一的。每个人都可以开拓出适合自己的道路。珍妮·哈林顿的股息投资和迈克尔·昂德希尔的资产配置都反映了他们站在一种投资方式的优势角度来表达他们对世界的看法，他们的这些看法来自他们各自的背景，来自他们多年来对这一职业的全情投入。和其他人一样，他们找到了一种适合自己的投资方式，在这个纷繁的世界中开辟出一条道路。

第七，在解决很多共同的问题时，我们往往独自一人，但也可以不必如此。如果没有财务知识，其实我们很难实现财务自由。书中的许多作者都强调了这一点，尤其是蒂龙·罗斯。我们发现，在伴侣、父母、孩子和朋友之间谈论金钱很不舒服。钱是一个有些敏感的话题，因为钱让我们的银行账户和自我价值感之间产生了紧密的联系。然而，面对这些问题，美国社会在提供资源和途径方面做得很差，这些人很想解决问题，却不知道从哪里开始。

我从与本书中的文章的许多作者的私人谈话中了解到，这样的写作是一种让自己暴露本来面目、揭示真相并治愈的过程。我

总　结

们递给他们一张白纸，问他们：说说你的情况——不是你的客户的情况，也不是你的公司的情况。尽管他们为顾客共同管理或提供管理建议的资金高达数十亿美元，却仍然愿意以一种独特的方式分享自己的个人经验。在讲述自己的故事（至少是一部分故事）后，一些人表达了自己的焦虑，还有一些人则分享了一种如释重负的感受——这些人都是专家，都是每天与金钱打交道的人。因此，毫不奇怪，对于那些金融行业之外的人而言，理解金融世界可能更是难上加难。

所以，你的面前也有一张白纸（见下页），你现在有了一个自己探索的机会。我们由衷希望，通过分享这些投资专家的故事，能让你更好地回答这个问题：我该如何做好自己的投资？

布莱恩·波特努瓦
芝加哥

读书思考

你该如何投资自己的钱?在这里把你的思路写下来。

参考文献

1. A. Ram, *Financial Times*, September 18，2016.

2. K. Murray, Zócalo Public Square, November 30，2011.

3. B. Pisani, CNBC, March 15，2019.